伴走者になるための会計入門

宮地晃輔[編著]／木竹広賢・木竹優子[著]

An Introduction to
Accounting for
Aspiring Supporting Partners

中央経済社

は　じ　め　に

　企業で働く社会人や大学生の多くの方は，会社経営または事業活動は数値（会計数値）を使って動かしていると感じているでしょう。また，簿記の知識は，会社の経営を理解するのに役立つと聞いたことがある人もいるでしょう。これらは全くそのとおりで，本書を読むにあたって改めて意識してほしい点です。

　たとえば，経営者がこれからの１年間で自社の利益500万円を獲得したいと考えた時，これを実現するために単価１万円の商品を何個売る必要があるのか，また費用はいくらの範囲に抑える必要があるのかということを考えます。商品を何個売る必要があるかとか，費用（原価）をいくらの範囲に抑える必要があるかといった話は，経営者が数値を使って経営を考えていることになります。

　この例で経営者がこれからの１年間で500万円の利益の獲得を目指すことを意識したのは，直前の１年間で400万円の利益を獲得した実績があるので，次の１年間ではさらに利益を100万円伸ばしたいと考えたことにあります。それでは直前の１年間の利益400万円はどのような方法で計算されたのでしょうか。それは複式簿記の技術を使って計算されています。つまり会計数値の中心は複式簿記から導かれた情報になります。

　企業は通常，持続的な発展を目指します。つまり経営者は未来に向けて企業を発展させようとします。未来に向けて企業を発展させるには，会社の事業に関わる経営者・管理者・従業員のすべての人たちが会計感性を磨いて，興味深い未来を創造（想像）しようとする行動が必要になります。ここで重要になることに，企業の経営者は「コスト（Cost）＜価格（Price）＜価値（Value）」を意識することがあります。顧客にとって魅力ある価値を，コストを上回る価格で継続できるかが今後の企業存続の「カギ」となります。

　会計感性とは企業活動の結果として表れた決算書などの会計情報を通じて，事業の結果を読み取り，その数値から感じる心の働きのことを意味しています。

　企業の発展の主な意味として，売上高を増加させ，費用（原価）をコントロールして利益を拡大させることを継続することがありますが，これを実現するためには，経営者・管理者・従業員が会計数値に敏感になる必要があります。会

計感性とは会計数値に敏感になることでもあります。

　企業の事業活動の結果，会社財産（資産・負債・純資産）はどのように変化をしたのか，また，企業の利益はいくらだったのかは，すべて実績値としての会計数値で表されることになります。株式会社を中心とした企業の経営は，経営者（トップ・マネジメント＝代表取締役）を最高責任者として行われています。経営者が自ら経営する会社（自社）の経営を考える時，会計数値を中心とした数値情報を用いて考えています。

　複式簿記の技術は，会社の1年間（事業年度，会計期間）での事業活動の結果，会社財産（資産・負債・純資産）がどのように変化したのか，また会社の経営成績（利益額または損失額）はいくらだったのかを計算します。つまり会社の事業活動の結果（実績）を計算し，会計数値情報（会社の実績情報＝過去情報＝過去会計）として表します。

　会社経営の過去情報（過去会計）としての実績情報がなければ，未来（これから）の会社経営を合理的に考えることはできないので，この情報はとても重要になります。一方，過去会計に対して，未来会計という言葉があります。未来会計は，会社経営のこれから（未来）を経営者が考える場面で，会社の未来を具体的に描くことに役立つことを目的としています。この場面で経営者は興味深い自社の未来を描こうとするはずです。会計感性はこの場面に大きく関わっていくことになります。

　本書では会社経営の過去の実績を理解したうえで，会社の未来を創造（想像）するための効果的な手段であるコーチングに焦点を当てています。税理士法人ウィズランはコーチングを導入して所属の税理士・職員の対話スキルを向上させ，クライアント（顧客）との対話の質を高めることで事業計画書作成支援などの伴走型経営支援を行っています。

　伴走型経営支援については，中小企業庁独立行政法人中小企業基盤整備機構経営力再構築伴走支援推進協議会「経営力再構築伴走支援ガイドライン」（令和5年6月，17頁）の「要素1／対話と傾聴による信頼関係の構築」において「経営者の自己変革力を引き出し，経営力を強化する目的を達成するためには，経営者との対話，さらに必要であれば経営幹部，後継者，従業員等とも対話することが勧められます」と説明し，また，「経営学で用いられる『コーチング』

という用語は，ここでいう『対話と傾聴』とほぼ同義であると考えられます」と説明しています。

　税理士法人のクライアント（顧客）に対する伴走型経営支援の必要性は，今後ますます高まっていくことが予想されます。伴走型経営支援を支えるためには，「決算書に対する理解を中心とした会計スキル」，「会計感性」，「コーチング（対話スキル）」の３つの要素が必要になります。

　本書では以上の３つの要素を効果的に学習することができます。読者のみなさんには，本書での学習を通じて，社会人として，大学生として，これだけは知っておいてほしい会計の知識と仕事への役立て方を理解していただくことを願っています。

　最後に，本書の出版にあたり中央経済社編集部の小坂井和重氏に大変お世話になりました。この場をお借りして御礼を申し上げます。誠にありがとうございました。

2024年12月

編著者　宮　地　晃　輔

目　　次

はじめに　i

第１編　会社の業績を知るための会計

第１章

決算書から会社の内容を想像しよう　*2*

1　貸借対照表と損益計算書　*2*

2　個人と会社の貸借対照表の違いを見てみよう　*4*

3　貸借対照表と損益計算書のつながり　*5*

4　債務超過と損失（赤字）　*7*

　例　題　*9*

　コラム１　● 簿記が理解できると経営がわかる？　*15*

第２章

決算書を比較して観察しよう　*16*

1　貸借対照表の「期間」の比較　*16*

2　損益計算書の「期間」の比較　*18*

3　貸借対照表による「業種間」の比較　*20*

4　損益計算書による「業種間」の比較　*21*

　例　題　*23*

　コラム２　● 間違いやすい決算書の名前　*27*

Ⅱ　目　次

第3章

決算書を分析しよう　　28

1　会社の短期的な安全性を確認しよう　*28*

2　会社の長期的な安全性を確認しよう　*33*

3　借入金返済能力を確認しよう　*35*

4　会社の収益性を確認しよう　*37*

例　題　*39*

コラム3 ● 貸借対照表は会社の健康状態を知るツール　*43*

第2編　会社の発展のための会計

第4章

総原価を回収できる売上高を知ろう　　46

1　損益分岐点売上高とは　*46*

2　変動費と固定費とは　*47*

3　固定費・変動費と売上高の関係　*50*

4　損益分岐点売上高の計算をしよう　*51*

例　題　*55*

コラム4 ● テクノロジーで判断スピードを最速にする　*58*

第5章

目標営業利益を達成するために必要な売上高　　59

1　損益分岐点売上高を下げるには？　*59*

2　目標営業利益達成のための必要売上高を計算しよう　*61*

目　次　III

3　設備投資の可否の目安を知ろう　*63*

4　社員を新しく雇用する場合，どれだけ売上高を
増加させるべきか？　*65*

例　題　*68*

コラム5 ● 会計感性を育てていこう！　*72*

第6章
売上高を分析しよう　*73*

1　売上高を分析するポイントを知ろう　*73*

2　売上高への貢献度を分析しよう　*76*

3　損失でも売るべき？　商品販売継続の判断基準　*77*

例　題　*80*

コラム6 ● 個人事業と法人の違い　*85*

第7章
原価・在庫を管理しよう　*86*

1　在庫管理はなぜ大事なのか？　*86*

2　仕入高と売上原価と在庫の関係　*87*

3　売上原価を計算して，正確な売上総利益を
計算しよう　*90*

4　在庫金額の計算方法　*91*

例　題　*95*

コラム7 ● 在庫は不人気商品の象徴？　*99*

IV　目　次

第8章

人件費を管理しよう　　100

1　人件費とは何を指すのか　*100*

2　金額をコントロールできる人件費とできない人件費　*101*

3　適正な人件費を知ろう　*102*

例　題　*106*

コラム 8 ● これからの日本の社会と「人件費」　*112*

第9章

KPI と KGI を知ろう　　113

1　KPI と KGI とは　*113*

2　KPI・KGI の設定方法　*114*

3　KPI の活用方法　*123*

コラム 9 ● KPI と KGI は，会社と社員の未来の理想像を描き，メンバー間の対話を弾ませる？　*126*

第10章

会計感性×対話スキルの活用　　127

1　対話スキルは誰でも身に付く　*127*

2　コーチングとは　*128*

3　コーチングの基礎　*130*

4　コーチングのスキル　*133*

5　広がるビジネスでのコーチングの活用　*137*

コラム10 ●「対話」はすべてのビジネスに必須のスキル　*138*

参考文献　*139*　　　索　引　*141*

第1編
会社の業績を知るための会計

2   第1編　会社の業績を知るための会計

第1章

決算書から会社の内容を想像しよう

―**この章で学ぶこと**―
1. 決算書の種類と相互の関係を理解しよう。
2. 資産超過と債務超過，利益（黒字）と損失（赤字）の違いを知ろう。

　本書では，会計感性という言葉を大事にしています。会計感性とは，会計数値を観察し，経営の現場を感じ想像する能力です。

　会社の業績，すなわち会社の財産の状態や経営成績は，決算書を見ればわかります。会社法における決算書には，「貸借対照表（Balanced Sheet：B/S）」，「損益計算書（Profit and Loss Statement：P/L）」，「キャッシュ・フロー計算書」，「株主資本等変動計算書」，「個別注記表」の5つがありますが，本書ではその中の「貸借対照表」，「損益計算書」のみに焦点を当てます。会社法では決算書のことを計算書類とよびます。

　これら2つの書類は，決算書を理解するための基本です。まず，決算書に関するルールや決まりを知ることが，会計感性を身に付けるための第一歩となります。

1　貸借対照表と損益計算書

　上場企業や店頭公開企業に適用される金融商品取引法では，貸借対照表や損益計算書のことを財務諸表とよんでいます。すべての会社を規制する会社法では，貸借対照表や損益計算書のことを計算書類とよんでいます。本書では決算

書とよぶことにします。

　決算書の目的は「利害関係者に対して，企業の財務状況を示すこと」です。利害関係者とは，投資家，債権者（銀行など），従業員，税務署など，企業（会社）の情報を必要としている個人または法人です。財務状況とは，貸借対照表，損益計算書といった書類を通じて把握することができる会社の財務活動の状態のことを指します。

　そのため誰が見てもわかるように，同じ基準を用いて計算をし，世界共通のフォーマットで表示しています。次に，各表の役割と実際の表（図表1－1，図表1－2）を確認してみましょう。

- **貸借対照表（B/S）**……企業（会社）のある一定時点（例：決算日）の資産・負債・純資産といった財産の状態を表しています。財産一覧表ともいえます。
- **損益計算書（P/L）**……企業（会社）の一定期間（例：1年間）の経営成績（利益や損失の状況）を表しています。経営成績表ともいえます。

図表1－1，図表1－2から次のことがわかります。

- 貸借対照表より　　資産－負債＝純資産
- 損益計算書より　　収益－費用＝当期純利益（または当期純損失）

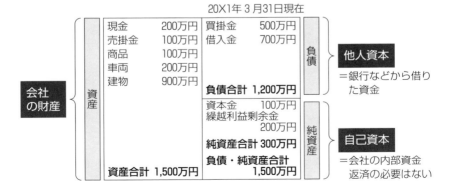

図表1－1　A小売店の貸借対照表

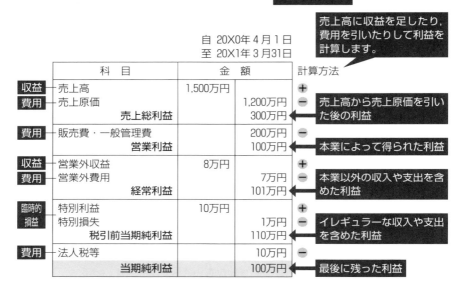

収益とは，売上高および受取利息・受取配当金などの営業外収益を指します。収益と利益は全く異なる概念ですので注意しましょう。一方，費用とは，売上原価や販売費・一般管理費（給料・水道光熱費等），営業外費用（支払利息等），法人税等などの支出を指します。

2 個人と会社の貸借対照表の違いを見てみよう

次に，決算書のイメージがつかみやすいように，個人と会社の貸借対照表をイラストで見比べてみましょう。個人で5,000万円のマイホームを建てた場合と，会社が5,000万円の自社ビルを建てた場合の表を考えてみましょう。個人のAさんが，自己資金で1,000万円を，銀行からローンで4,000万円を借りた時の貸借対照表は**図表1－3①**のようになります。一方，B会社が，資本金で1,000万円を用意し，銀行から4,000万円を借りた時の貸借対照表は**図表1－3②**の

第1章　決算書から会社の内容を想像しよう　　5

| 図表1－3 | Aさん（個人＝家計）とB会社（法人＝会社）の違い |

① Aさんの貸借対照表
（借方）　　　　　　　　　（貸方）

資産	負債
建物 （マイホーム） 5,000万円	借入金 （住宅ローン） 4,000万円
	純資産
	自己資金 1,000万円

② B会社の貸借対照表
（借方）　　　　　　　　　（貸方）

資産	負債
建物 （自社ビル） 5,000万円	借入金 4,000万円
	純資産
	資本金 1,000万円

※個人でも会社でも同じように，貸借対照表で表現することができます。

ようになります。

3　貸借対照表と損益計算書のつながり

　一見すると全く異なる貸借対照表と損益計算書ですが，この2つの表は関連しています。

● つながりは当期純利益だけ

　損益計算書の当期純利益が**図表1－4**のように貸借対照表の純資産の部の「繰越利益剰余金」に積み立てられます。繰越利益剰余金の中には，当期純利益だけでなく，過去の損益計算書から積み上げられた利益も含まれます。

　よって貸借対照表を見ることで，ある一定時点の現在の会社の財産状態（資産・負債・純資産）がわかり，ある一定期間の損益計算書の利益状況も同時に把握ができます（本書では，支払配当金等の資本等取引はないと仮定しています）。

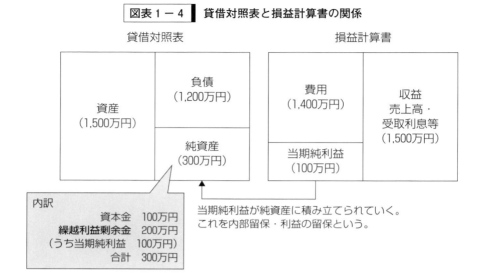

図表1-4　貸借対照表と損益計算書の関係

● シンプルに考えて会社の全体像を把握する

実際の貸借対照表を見ると，勘定科目と数値の羅列で難しく感じますが，シンプルに**図表1-5**の下の図のように，資産・負債の状況，繰越利益剰余金の金額を割合で見れば，会社の財務状況がどのように形成されているか，全体像が把握できます。

⟹会社が持っている資産は5,950万円なのに対して，負債は4,512万円です。そして，純資産1,438万円のうち，資本金は800万円，繰越利益剰余金（過去の当期純利益の積み重ね）は638万円，その中に当期純利益100万円が含まれていることがわかります。

第1章　決算書から会社の内容を想像しよう　7

| 図表1－5 | 株式会社ABC商事　20X1年5月期決算書 |

貸借対照表　20X1年5月31日現在
（単位：万円）

科　目		金額	科　目		金額
流動資産	現金	50	流動負債	買掛金	1,750
	普通預金	500		未払金	440
	売掛金	2,300		短期借入金	240
	商品	800		未払法人税等	562
固定資産	建物	800		未払消費税	160
	機械装置	200	固定負債	長期借入金	1,360
	器具備品	100	負債合計		4,512
	土地	1,000	純資産	資本金	800
	保険積立金	100		繰越利益剰余金	638
	その他	100	純資産合計		1,438
資産合計		5,950	負債・純資産合計		5,950

損益計算書
自 20X0年6月1日
至 20X1年5月31日
（単位：万円）

科　目	金額
売上高	27,600
売上原価	21,000
売上総利益	6,600
役員報酬	1,200
給与手当	2,200
法定福利	680
福利厚生費	120
旅費交通費	150
水道光熱費	120
交際費	130
地代家賃	140
減価償却費	200
雑費その他	1,500
販売費・一般管理費合計	6,440
営業利益	160
雑収入	20
支払利息	30
経常利益	150
税引前当期純利益	150
法人税等	50
当期純利益	100

資産	負債
5,950万円	4,512万円
	純資産 1,438万円

費用	収益
27,520万円	27,620万円
当期純利益 100万円	

繰越利益剰余金638万円のうち，当期純利益100万円が積み立てられている。

4 債務超過と損失（赤字）

　債務超過と損失（赤字）は，経営状態が悪化しているという点で共通していますが，意味は全く異なります。また，債務超過と赤字の言葉はビジネスの現場では使われますが，決算書には書いてありません。利益と損失は損益計算書

8 第1編 会社の業績を知るための会計

に記載されていますが，一般的には口頭で利益のことを「黒字」，損失のことを「赤字」とよびます。これらを自分で判断できれば，会社を見る目が変わります。

- 債務超過とは，会社の負債の合計が資産の合計よりも多い状態を指します。具体的には，貸借対照表の資産合計額が負債合計額を下回っており，結果として純資産がマイナスの状態になっている状態のことです。たとえば，資産合計が300万円，負債合計が500万円の場合は，300万円－500万円＝マイナス200万円となり，200万円の債務超過となります。債務超過は会社の資産を全部用いても，負債を支払うことができない状態です。

- 損失とは，損益計算書で当期純利益がマイナスになっている状態のことです。売上高300万円で費用が500万円の場合は，300万円－500万円＝マイナス200万円となり，200万円の損失となります。損失であっても，これまでの利益の積み重ねがあり，資産合計が1,000万円，負債合計が500万円の場合，1年間では損失が発生していますが，債務超過ではないということになります。

　債務超過は「会社の経営が危ない！　会社の資産を全部売っても借金が返せない」，損失は「今年は損をしてしまったけれど，来年は頑張ろう」というイメージです。ただし，損失の積み重ねが，資本金と繰越利益剰余金を減少させ，その結果，債務超過になります。**図表1－6**，**図表1－7**で確認してみましょう。

　債務超過は貸借対照表に反映される状況であり，損失は損益計算書に反映される状況のことです。この区別を理解することが大事です。

図表1－6 債務超過と損失の違いを理解しよう

	意味	どこを見るのか？	期間
資産超過	資産合計＞負債合計	貸借対照表の貸方 「純資産の部合計」	創業からの積み重ねの結果 （累計＝ストック）
債務超過	資産合計＜負債合計		
利益（黒字）	収益（売上高等）－費用 ＝利益（当期純利益）	損益計算書の最後の行 「当期純利益」または 「当期純損失」	1年単位の損益の状況（フロー）
損失（赤字）	収益（売上高等）－費用 ＝損失（当期純損失）		

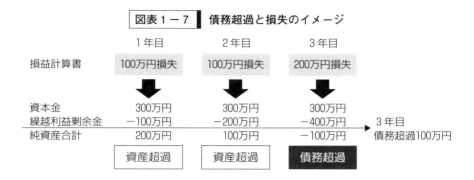

債務超過というと非常に悪いイメージがありますが，債務超過＝倒産とういうわけではありません。しかし，債務超過になるということは，これまでに出した利益よりも，損失のほうが大きく，結果として所有する資産よりも負債が多い状態を表します。

債務超過になると，金融機関から融資を受けることが難しくなる場合があります。仕入先などに決算書を提出した場合には，信用低下にもつながります。もちろん，その後，経営状況が回復し，損益計算書の当期純利益を継続的に上げていくことで，債務超過から資産超過に変わる会社もあります。毎年，当期純利益を上げることがいかに重要かわかります。

例題1　貸借対照表と損益計算書の違いを時系列の観点から説明してみよう

決算書には必ず年月日の表示があります。**図表1－5**の貸借対照表と損益計算書を確認してみましょう。
- 貸借対照表は，20X1年5月31日現在
- 損益計算書は，自20X0年6月1日　至20X1年5月31日

と記載してあります。この2つの表は，同じ事業年度（20X0年5月期）の決算書ですが，表示が違います。なぜ違うのでしょうか。○○に入る言葉を考えてみましょう。

10 第1編 会社の業績を知るための会計

> ① 貸借対照表とは……ある「○○」での財産の状態を表している。
> ② 損益計算書とは……ある「○○」での経営成績を表している。

<解答への道すじ>

20X1年6月1日0時0分の決算書は**図表1－8**のようになっています。

図表1－8	株式会社ABC商事　20X1年6月1日営業開始前の決算書

貸借対照表

(単位：万円)

	科　目	金額		科　目	金額
流動資産	現金	50	流動負債	買掛金	1,750
	普通預金	500		未払金	440
	売掛金	2,300		短期借入金	240
	商品	800		未払法人税等	562
固定資産	建物	800		未払消費税	160
	機械装置	200	固定負債	長期借入金	1,360
	器具備品	100		負債合計	4,512
	土地	1,000	純資産	資本金	800
	保険積立金	100		繰越利益剰余金	638
	その他	100		純資産合計	1,438
	資産合計	5,950		負債・純資産合計	5,950

損益計算書

(単位：万円)

科　目	金額
売上高	0
売上原価	0
売上総利益	0
役員報酬	0
給与手当	0
法定福利	0
福利厚生費	0
旅費交通費	0
水道光熱費	0
交際費	0
地代家賃	0
減価償却費	0
雑費その他	0
販売費・一般管理費合計	0
営業利益	0
雑収入	0
支払利息	0
経常利益	0
税引前当期純利益	0
法人税等	0
当期純利益	0

例題1 解 答

> ① 貸借対照表……ある「時点」での財産の状態
> ② 損益計算書……ある「期間」の経営成績

「時点」と「期間」の違いは6月1日の決算書でも確認できます。6月1日の始まった時点の決算書を確認すると，貸借対照表は5月31日の終了時点と同じ状況となりますが，損益計算書はすべて0からのスタートとなります。

例題2　貸借対照表と損益計算書から当期の状況を読み取ろう

以下のケースの場合に，当期は資産超過，債務超過，利益，損失いずれになるかを判断してみましょう。図表1－9は貸借対照表を図にしたものです。A，B，Cの各社の資産合計，負債・純資産合計はすべて1,000万円で，創業から5期目です。A，B，Cのそれぞれの会社について，①，②を考えてみましょう。

① 資産超過でしょうか？　債務超過でしょうか？
② 当期純利益でしょうか？　当期純損失でしょうか？

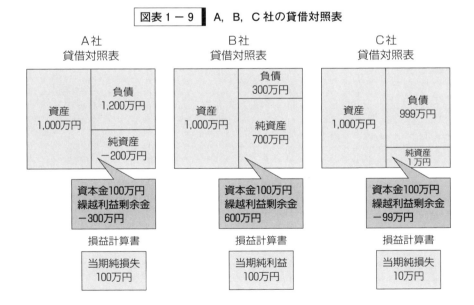

図表1－9　A，B，C社の貸借対照表

12   第1編　会社の業績を知るための会計

例題2　解　答

• A社：①債務超過　②当期純損失

純資産が−200万円です。繰越利益剰余金とは現時点での当期純利益の積み重ねの結果であり，利益より損失が多かったために，最初にあった資本金を食いつぶしてしまい債務超過となっています。もし，現時点で会社をやめようとした場合は，資産をすべて売り払っても負債を全部返すことができない可能性が高い状況です。また，当期純損失が100万円であることから，前期の決算においても既に債務超過（マイナス100万円）であったことがわかります。

• B社：①資産超過　②当期純利益

負債より資産が多く資産超過であり，当期純利益も100万円と利益が出ています。

• C社：①資産超過　②当期純損失

負債がたくさんありますが，純資産が1万円あるので資産超過となっています。しかし，当期純損失10万円となっているので，当期は損失が出ています。

例題3　貸借対照表から読み取れることを想像してみよう

A商会およびZ研究会の貸借対照表は**図表1−10**となります。資産や資本金等，表の金額は同じとなっており，わかっている情報は以下のとおりです。貸借対照表から読み取れることを想像してみましょう。

• A商会は卸売業で創業から30年の会社です。5年前に社長が交代しました。
• Z研究会は学習塾で創業から5年の会社です。

＜解答への道すじ＞

資産超過？　債務超過？　創業からの年数が異なることで，どのような違いが想像できるでしょうか。

第1章 決算書から会社の内容を想像しよう　13

図表1-10　A商会，Z研究会　20XX年3月期　貸借対照表

例題3　解答例

　この例題には，正確な解答はありません。人それぞれ想像する内容は違うはずです。大事なのは，考える回数を増やすことです。その結果，会計感性が身に付きます。

　純資産がマイナスではないので，どちらの会社も資産超過であることがわかります。2社の違いは，設立してからの年数と業種が異なるという2点です。

　まずA商会は創業から30年に対して，Z研究会は5年でした。これらの情報から何を感じましたか？　貸借対照表には，第〇〇期など設立からの年数が書いてあります。わからなければホームページや登記事項証明書などで確認できます。A商会は30年間の繰越利益剰余金が4,500万円，それに対してZ研究会は5年間の繰越利益剰余金が4,500万円となっています。

① **A商会の解答例**
- 創業から30年の歴史があるので，損失の年も利益の年もあったことが考えられる。
- A商会は5年前に社長が息子に交代して，ここ数年の業績が好調だということを聞いたな。先代の社長の25年間は，あまり利益が出ていなかった

ところ，2代目社長が会社を変えているのかな？
- 創業30年ということは，顧客や取引先から信頼があるのだろうな。

② Z研究会の解答例
- 創業から5年で4,500万円の繰越利益剰余金ということは，一般的に会社の設立当初は損失が多いから，ここ数年は1,000万円を超える当期純利益が出ているのかもしれない。顧客に支持される特別な理由が何かあるのかもしれない。
- 個人事業の実績があり，経験を積んで法人化したのかな？
- 会社は利益をしっかり出しており，その結果として税金（利益の30％程度の1,500万円程度）を払っている。会社を成長させる気持ちがあるのだな。

貸借対照表をただ眺めるのではなく，業種や設立年数の違いなどを知って見るだけでも，さまざまな予想を立てることができます。これ以外に気づいた点がある人もいると思います。もちろん貸借対照表や損益計算書では見えない部分（従業員の人数，独自の製品技術など）はたくさんあります。しかし，さまざまな会社の特徴や行動が結果として売上高に反映され，利益に反映され，そして純資産に反映されています。決算書は会社を知る重要なツールなのです。

第1章　決算書から会社の内容を想像しよう　15

コラム 1 ● 簿記が理解できると経営がわかる？

　税理士法人で業務をしていると，「簿記が理解できる」＝「経営を知っている」というようなイメージを持たれている方にたびたび遭遇します。簿記は，学んだことがない人から見ると特殊なスキルだと敬遠されがちです。そして，経営は正解がないものなので，何をしているのか周りからはわかりにくいものです。決算書に触れたことがない人から見ると，簿記の技術で決算書が作成できると，経営のこともすべてわかっている人だと思われることがあるようです。

　簿記を学んだことがある人はわかると思いますが，簿記ができても経営のことがわかるわけではありません。そもそも，投資家や債権者への財産状態の説明を目的とする貸借対照表から読み取れる情報は限られています。決算書を経営に活かすには，決算書などの書類から数値の違和感を感じ取ったり，数値の裏側にある状況を想像することができる（＝会計感性）スキルが必要です。
　経営者や伴走者として会社をサポートする人にとっては，決算書を作ることに意味があるのではなく，決算書から会計数値を観察し，経営の現場を感じ取り，想像して経営に活かすことにこそ意味があるのだと思います。

　会計感性を身に付けるのは難しいと思っていませんか？　そうではありません。会計感性は数値を見る姿勢を変えるだけで，誰でも身に付けることができるものなのです。
　会計感性が身に付けば，決算書だけでなく会社のさまざまな数値情報から，課題解決のきっかけをつかむことができるようになるでしょう。みなさんが社会に価値を提供するうえで重要な武器の1つになるのではないでしょうか。

16　第1編　会社の業績を知るための会計

第2章

|||||||||||||||||||||||||||||||||||||||||||||||||||||||||||||||||||||||||||||||||||||||||

決算書を比較して観察しよう

―**この章で学ぶこと**―

1．貸借対照表を比較しながら観察して，内容を想像してみよう。
2．損益計算書を比較しながら観察して，内容を想像してみよう。

　第1章では，貸借対照表と損益計算書の違いと役割について確認しました。損益計算書の当期純利益が，貸借対照表の繰越利益剰余金に積み上げられていくというイメージがつかめたでしょうか。

　本章では，複数の貸借対照表と損益計算書を比較しながら，中身を観察し会社の状況を想像していきます。

1　貸借対照表の「期間」の比較

　図表2－1は，Y商店の貸借対照表を3年分（3期分）比較したものです。まずは，貸借対照表を**図表2－1**の図のようなイメージに変換し，会社の財務状況がどのように形成されているか，その全体像を把握しましょう。そして，3年間の変化から読み取れるものは何か，まずは以下をチェックしてみましょう。

① 　資産合計と負債・純資産合計は前年から増えているか？
② 　前年と比較し，資産・負債の状況を確認する。何が増加して，何が減少しているか？
③ 　繰越利益剰余金の変化とは？　そこから読み取れることは何か？
④ 　①～③を観察して想像できることは何か？

第2章　決算書を比較して観察しよう　17

図表2-1　Y商店　貸借対照表の3年間の推移

貸借対照表
20X1年度（1年目）　（単位：万円）

科目	金額	科目	金額
現金	100	買掛金	300
普通預金	500	未払金	200
売掛金	500	長期借入金	600
商品	300	負債合計	1,100
建物	100	資本金	500
機械装置	100	繰越利益剰余金	100
土地	100	純資産合計	600
資産合計	1,700	負債・純資産合計	1,700

貸借対照表
20X2年度（2年目）　（単位：万円）

科目	金額	科目	金額
現金	100	買掛金	650
普通預金	500	未払金	350
売掛金	1,000	長期借入金	3,780
商品	800	負債合計	4,780
建物	80	資本金	500
機械装置	2,000	繰越利益剰余金	-700
土地	100	純資産合計	-200
資産合計	4,580	負債・純資産合計	4,580

貸借対照表
20X3年度（3年目）　（単位：万円）

科目	金額	科目	金額
現金	100	買掛金	900
普通預金	800	未払金	350
売掛金	1,400	長期借入金	3,910
商品	1,200	負債合計	5,160
建物	60	資本金	500
機械装置	1,900	繰越利益剰余金	-100
土地	100	純資産合計	400
資産合計	5,560	負債・純資産合計	5,560

貸借対照表 20X1年
（資産超過）

資産 1,700万円 ／ 負債 1,100万円 ／ 純資産 600万円

貸借対照表 20X2年
（債務超過）

資産 4,580万円 ／ 負債 4,780万円 ／ 純資産 -200万円

貸借対照表 20X3年
（資産超過）

資産 5,560万円 ／ 負債 5,160万円 ／ 純資産 400万円

それでは，Y商店の3年間の財産の状態を想像してみましょう。

●**読み取れること**（一例です。他にも多数あります。）

① 資産合計，負債・純資産合計の数値が増えています。事業活動が活発になっている可能性を感じます。

② 20X1年度から20X2年度にかけて，資産・負債ともに大幅に増え，純資産が減っています。内訳を見ると，資産の機械装置が増え，負債の長期借入金も増えています。20X3年度は，20X2年度と比較して資産，負債，純

18　第1編　会社の業績を知るための会計

資産ともに増えました。**図表2－1**のように図で見てみると，資産・負債と純資産の割合は3年間で変化していることがわかります。

③　繰越利益剰余金は20X1年度は100万円でしたが，20X2年度はマイナス700万円となり，債務超過（会社の資産を全部売っても借金が返せない状況）になっています。20X2年度に，800万円の当期純損失が出たことがわかります。しかし，20X3年度は，繰越利益剰余金はマイナス100万円とマイナスの幅が減っている（当期純利益が600万円計上できている）ので，資産超過に戻っています。

④　観察し，想像できること。

- 20X2年度に機械装置と借入金の金額が増えているのは，借入金により設備投資を行ったのかもしれません。
- 20X2年度は設備投資に伴う費用や新たに採用した人がおり，損失となったのかもしれません。
- 20X3年度は設備投資の効果で売上高が1年間を通して増加し，当期純利益が計上できたのかもしれません。

2　損益計算書の「期間」の比較

　次に，同じ会社の損益計算書を複数の期間で比較し，観察し，想像できることに着目してみましょう。**図表2－2**はY商店の損益計算書を，3年分（3会計期間分）比較したものです。この会社の3年間の変化から読み取れるもの（会社の経営成績の変化）は何でしょうか。まずは，以下をチェックしてみましょう。

①　損益計算書の一番下の当期純利益がプラスかマイナスか？
②　売上高など，勘定科目の増減を確認する。何が増加して，何が減少しているか？
③　①，②を観察して想像できることは何か？

第2章 決算書を比較して観察しよう 19

| 図表2-2 | Y商店 損益計算書の3期比較 |

(単位：万円)

科　目	20X1年度	20X2年度	20X3年度
売上高	6,000	12,000	16,800
売上原価	3,600	7,800	10,800
売上総利益	2,400	4,200	6,000
役員報酬	900	1,000	1,000
給料	400	2,000	2,400
法定福利費	156	450	510
福利厚生費	30	200	200
旅費交通費	80	130	130
水道光熱費	100	120	120
交際費	150	150	150
地代家賃	200	200	200
減価償却費	100	300	270
雑費その他	154	430	390
販売費・一般管理費合計	2,270	4,980	5,370
営業利益	130	-780	630
受取利息	5	10	10
支払利息	5	10	10
経常利益	130	-780	630
税引前当期純利益	130	-780	630
法人税等	30	20	30
当期純利益	100	-800	600

● **読み取れること**（一例です。他にも多数あります。）

① 当期純利益（または当期純損失）は，20X1年度は100万円の当期純利益，20X2年度は800万円の当期純損失，20X3年度は600万円の当期純利益となっています。

② 20X2年度から，売上高，売上原価，売上総利益，給料，法定福利費，雑費などが大幅に増えており，会社の活動が活発になっている可能性があります。

20　第1編　会社の業績を知るための会計

③　観察し，想像できること。
- 20X2年度は，新たな事業が開始したのかもしれません。または，新たな商品の販売があったのかもしれません。
- 20X3年度は，新たな事業がうまくいき，その売上高が1年間を通じて計上された結果，当期純利益が出ているのかもしれません。

3　貸借対照表による「業種間」の比較

　ビジネスモデルが異なる業種を比較し，それぞれの貸借対照表の特徴に着目してみましょう。

　図表2－3のソフトウェア業A社，建設業B社，食品スーパー業C社の3社は，従業員数がほぼ同じです。しかし，貸借対照表を観察してみると，数値

図表2－3　業種別（ソフトウェア業・建設業・食品スーパー業）の貸借対照表の比較

（単位：万円）

	科目	ソフトウェア業A社	建設業B社	食品スーパー業C社		科目	ソフトウェア業A社	建設業B社	食品スーパー業C社
流動資産	現金	100	130	300	流動負債	支払手形		3,120	
	普通預金	1,000	2,310	2,300		未成工事受入金		1,000	
	売掛金・完成工事収入金	80	3,000	60		買掛金・工事未払金	100	300	2,000
	受取手形		400			短期借入金	120	500	1,610
	商品			1,100		未払金	300	500	100
	未成工事支出金		2,000			その他	290		800
	その他	100	100		固定負債	長期借入金	210	4,000	12,000
固定資産	建物		500	5,000		預り保証金			1,000
	機械・器具備品	30	1,000	3,500		その他	230	20	550
	土地		700	4,000		負債合計	1,250	9,440	18,060
	ソフトウェア	50			純資産	資本金	100	900	900
	保証金			2,300		繰越利益剰余金	30	−100	100
	その他	20	100	500		純資産合計	130	800	1,000
	資産合計	1,380	10,240	19,060		負債・純資産合計	1,380	10,240	19,060

や勘定科目等が違うことがわかります。業種の特徴が，貸借対照表にどのように表れるか，観察して，想像してみましょう。

● **読み取れること**（一例です。他にも多数あります。）

- ソフトウェア業 A 社は手元にパソコンがあればできる仕事なので，固定資産が少なくなっています。従業員数が同じ 3 社の中では，資産合計と負債・純資産合計の数値が最も小さな値となっています。
- 建設業 B 社は，工事が完了するまで間の入金や支払を「未成工事受入金」や「未成工事支出金」の科目名で処理します。これらの勘定科目に残高があることから，決算時点で取り掛かっているが完成していない工事があることが想像できます。また，建設機械があり，機械を置く場所として土地を所有していることも想像できます。
- 食品スーパー業 C 社は，建物や土地，器具備品の金額が大きくなっています。これは，賃貸ではなく自社にて店舗用の土地建物を所有し，ショーケースや棚などの備品，冷蔵庫などの設備を持っているからだと想像できます。また，商品の金額が大きいのは，店舗に販売用の商品在庫が多いのが理由であると想像できます。借入金の金額が大きいのは，これらの固定資産や在庫などの取得のための資金を，借入金によりまかなっているためと想像できます。

4 損益計算書による「業種間」の比較

次に，ビジネスモデルが異なる業種の損益計算書を比較し，業種ごとの特徴に着目してみましょう。

図表 2 − 4 の A 学習塾と B 食品スーパーの損益計算書を比較してみましょう。2 社の売上総利益は同じ金額となっています。しかし，売上高や売上原価および販売費・一般管理費の金額などは違います。

ビジネスモデルが異なると，同じ利益額を稼ぐのに必要な売上高や費用が異なってくるからです。業種の特徴が，損益計算書にどのように表れるか，観察し想像してみましょう。

22　第1編　会社の業績を知るための会計

図表2－4	業種別（学習塾・食品スーパー）の損益計算書の比較

（単位：万円）

科　目	A学習塾	B食品スーパー
売上高	3,684	14,000
売上原価	184	10,500
売上総利益	3,500	3,500
販売費・一般管理費合計	2,200	3,300
営業利益	1,300	200
営業外損益	0	0
経常利益	1,300	200
特別損失	0	0
税引前当期純利益	1,300	200
法人税等	0	0
当期純利益	1,300	200

> 売上高に占める売上総利益の割合
> （売上高総利益率）
> ・A学習塾　約95％
> 　（＝3,500万円÷3,684万円×100）
> ・B食品スーパー　25％
> 　（＝3,500万円÷14,000万円×100）

●**読み取れること**（一例です。他にも多数あります。）

- A学習塾は，売上高に占める売上総利益である売上高総利率が約95％と非常に高くなっています。材料を仕入れる必要がない業種のためです。
- B食品スーパーは，仕入れた商品に利益を上乗せして販売する業種なので，売上原価率が高く，売上高総利益率は低くなっています。
- B食品スーパーはA学習塾の約3.8倍の売上高がありますが，売上原価を差し引いた売上総利益は同じ金額になっています。同じ売上総利益でも，従業員の人数が違ったり，店舗が必要になったりして，販売費・一般管理費の金額が異なるため，当期純利益の金額が変わってきます。

⟹「年商1億円！」と聞くと，多くの人はその会社がたくさん儲かっていると勘違いしがちです。年商が高い会社が当期純利益額も大きいとは限りません。年商とは売上高のことを指しますので，従業員数や人件費の額が同程度だったとしても，売上原価率が高い業態では売上原価率が低い業態と比較して売上高が大きくなりがちです。損益計算書全体を俯瞰して，その会社の状況を正しく理解するようにしましょう。

第2章　決算書を比較して観察しよう　23

例題1　3期比較の貸借対照表から，何が読み取れるでしょうか？

　図表2－5の3期比較貸借対照表（小売業Fストア）から，読み取れること
を想像してみましょう。

図表2－5　小売業Fストア　3期比較貸借対照表

(単位：万円)

	科　目	20X1年度	20X2年度	20X3年度		科　目	20X1年度	20X2年度	20X3年度
	現金	100	100	100		買掛金	9,000	10,000	10,500
	普通預金	3,200	4,400	4,600	流動負債	短期借入金	1,500	3,200	3,200
流動資産	売掛金	8,000	10,500	11,000		その他	3,300	3,500	4,000
	商品	2,300	3,000	3,000	固定負債	長期借入金	4,600	17,000	18,100
	その他	1,200	1,400	1,400		負債合計	18,400	33,700	35,800
	建物	0	6,100	6,000	純資産	資本金	500	500	500
固定資産	器具備品	5,000	11,000	10,000		繰越利益剰余金	2,600	2,800	1,800
	その他	1,500	500	2,000		純資産合計	3,100	3,300	2,300
	資産合計	21,300	37,000	38,100		負債・純資産合計	21,500	37,000	38,100

＜解答への道すじ＞
　①　資産合計と負債・純資産合計は前年から増えているか？
　②　前年度と比較し，資産・負債の状況を確認する。何が増加して，何が減
　　　少しているか？　その理由は何か？
　③　繰越利益剰余金の変化は？　そこから読み取れることは何か？
　④　①～③を観察して想像できることは何か？

例題1　解答例

（以下は，解答の一例です。他にも考えられることはたくさんあります。）
　・資産は20X2年度に建物，器具備品などの固定資産の増加が目立ちます。
　　負債では短期借入金・長期借入金が大幅に増加しています。このことから
　　借入金により新たな改装や設備投資を行ったことが想像できます。
　・売掛金と買掛金，商品の残高が増えていることから，商品販売の取引量が

24　第1編　会社の業績を知るための会計

増加したことが想定されます。

- 繰越利益剰余金は，20X1年度は2,600万円，20X2年度は2,800万円，20X3年度は1,800万円です。このことから，20X2年度は200万円の当期純利益，20X3年度は1,000万円の当期純損失が出たことがわかります。

例題2　どの業種の貸借対照表でしょうか？

図表2－6，図表2－7は，①衣料品小売業，②不動産賃貸業，③美容室の3社の決算書です。①，②，③はA社・B社・C社のどれに該当するでしょうか。

| ①　衣料品小売業　従業員8名　創業令和元年 |

脱サラしたオーナーが開業し，ブランド衣料品を中心としたセレクトショップを運営している。自宅を改装し，一部をお店にしている。

| ②　不動産賃貸業　夫婦で経営　創業令和2年 |

夫が会社を退職後に起業し，妻も経営に参加している。自社にて大学の近くに大型マンションを3棟建築し，不動産賃貸業を営む。

図表2－6　A社・B社・C社　貸借対照表

（単位：万円）

	科　目	A社	B社	C社		科　目	A社	B社	C社
流動資産	現金	100	100	100	流動負債	買掛金	130	30	0
	普通預金	2,300	2,800	2,500		短期借入金	400	870	6,200
	売掛金	200	100	400（未収入金）		未払金	100	200	100
	棚卸資産	800	100	0		その他	1,000	1,000	1,200
	その他	100	100	1,200	固定負債	長期借入金	800	2,600	39,500
固定資産	建物	700	1,500	30,000		その他	200	500	1,000
	器具備品	500	2,000	10,700		負債合計	2,630	5,200	48,000
	土地	0	0	10,000	純資産	資本金	500	900	7,000
	保険積立金	300	200	1,000		繰越利益剰余金	2,100	1,100	900
	その他	230	300	0		純資産合計	2,600	2,000	7,900
資産合計		5,230	7,200	55,900	負債・純資産合計		5,230	7,200	55,900

第2章　決算書を比較して観察しよう　25

③　美容室　従業員4名　創業平成25年

　店舗数1店舗，女性客が主な顧客である。個室があり，ヘッドスパ，脱毛など幅広いサービスを提供している。駅前の店舗を賃借している。

図表2-7　A社・B社・C社　損益計算書

（単位：万円）

科　目	A社	B社	C社
売上高	4,000	4,000	4,000
売上原価	1,800	320	0
売上総利益	2,200	3,680	4,000
役員報酬	600	900	600
給料	250	700	0
法定福利費	120	320	120
旅費交通費	45	100	50
水道光熱費	100	300	80
リース料	100	200	0
家賃	0	350	0
減価償却費	300	100	2,000
その他	250	370	400
販売費・一般管理費合計	1,765	3,340	3,250
営業利益	435	340	750
営業外損益	-10	0	-600
経常利益	425	340	150
特別損益	0	0	0
税引前利益	425	340	150
法人税等	150	90	130
税引後利益	275	250	20

26　第1編　会社の業績を知るための会計

例題2　解　答

A社：①　衣料品小売業

- （業種別貸借対照表より）洋服の在庫を抱えるため，棚卸資産が多くなっています。また，自宅を改装しているため建物を所有していることがわかります。
- （業種別損益計算書より）仕入れた洋服を販売するため，45％と売上原価率（売上原価÷売上高×100）が高くなっています。改装した建物と備品の減価償却費が発生しています。

B社：③　美容室

- （業種別貸借対照表より）個人のお客様からの現金やクレジットカードでの売上が，メインとなっています。店舗は賃借しているため，土地の所有はなく改装費用や美容機器・椅子などの設備関係が固定資産の多くを占めています。
- （業種別損益計算書より）売上原価はシャンプーやカラーの薬剤などで8％程度と低くなっています。店舗は賃借しているため，家賃や水道光熱費が発生します。従業員の人数や椅子の数などで，おおよその売上高が決まります。

C社：②　不動産賃貸業

- （業種別貸借対照表より）所有している不動産を貸し出す事業です。よって所有している固定資産が多いですが，借入金やそれに伴う支払利息も多く発生します。未収入金は家賃収入を指します。
- （業種別損益計算書より）売上原価がないことに注目しましょう。また，役員である夫婦2人で事業を行っているため，役員報酬のみで給料はありません。売上高は，賃貸収入と礼金収入です。主な費用は，管理費と固定資産税などの税金の支払となっていて複雑ではありません。物件が古くなると修繕費が多くなります。

第2章　決算書を比較して観察しよう　　27

コラム 2 ● 間違いやすい決算書の名前

　会計用語は，日常生活で使わないような，似たような言葉が多く，混乱を招くことがあります。実際のビジネスの現場では，口頭で異なる言葉で表現されることがあります。

● 貸借対照表で間違いやすい項目
- **総資産**……貸借対照表の左側の借方合計（資産合計）のことです。会社が所有しているすべての財産のことを指します。
- **純資産**……総資産から負債を引いたものです。自己資本，正味の財産ともいいます。金融機関などに返済する必要のない，会社の内部資金です。
- **総資本**……貸借対照表の右側の貸方合計である負債＋純資産の合計を指します。

　たった一文字の違いですが，これらは大きく意味が異なります。

　また，勘定科目の並び順にはルールがあります。大まかにいえば，貸借対照表の資産の勘定科目は，現金になりやすい順番，負債は早く払う順番に並んでいます。順番を上から眺めてみましょう。現金が一番使いやすく，土地などは現金化して使うまでに時間がかかります。使い勝手を考えた順番になっているのです。

● 損益計算書で間違いやすい勘定科目
　損益計算書に出てくる利益には，さまざまないい方があります。特に「**売上総利益**」については，口頭では「**あらり**」といわれることが多いです。荒利・粗利と業界によっていい方が違うので，注意が必要です。「**当期純利益**」は，「**税引後利益**」や「**最終利益**」ともいわれます。

● たくさん決算書を見よう
　上場企業の決算書はインターネットで簡単に見ることができます。

　EDINET（Electronic Disclosure for Investors' NETwork）は，金融商品取引法に基づく有価証券報告書等の開示書類に関する電子開示システムの略で，金融庁が運営しているサイト（https://disclosure.edinet-fsa.go.jp/）です。上場企業の有価証券報告書を現在から過去の分まで無料で閲覧することができます。他にも，EDINETのデータをもとに各社を簡単に比較できる民間が運営しているサイトが複数あります。さまざまな企業の決算書をグラフなどで簡単に比較するサービスなども提供されています。

28 第1編 会社の業績を知るための会計

第3章

決算書を分析しよう

┌─ **この章で学ぶこと** ─────────────────────
│ 1. 決算書からその会社の安全性と収益性を知ろう。
│ 2. 財務指標の種類を知ろう。
└────────────────────────────────

　第2章までで，貸借対照表と損益計算書の違い，それぞれが表している意味を理解できたと思います。特別な知識がなくても，じっくり観察するだけでわかることがたくさんあることに気づかれたかと思います。

　本章では，決算書を分析するために，決算書から作られるさまざまな財務指標について取り上げます。財務指標とは，会社の安全性や収益性などを知るための数値や比率のことです。これらは，投資家や金融機関等の債権者の意思決定をするためのものであり，経営者や伴走者として会社をサポートする人をターゲットにしたものではありません。しかし，経営者や伴走者として会社をサポートする人も，これらの指標などの数値から，現場で何が起きているのかを想像することが，会社の現状や課題を理解する糸口を見つけることにもつながります。中小企業の場合，指標の比率にとらわれずに，対象となる数字同士を比較して判断することが重要です。

1 　会社の短期的な安全性を確認しよう

　会社の状況を判断する視点として，倒産しないかどうかを決算書から判断できることが重要です。それは一般的に会社の安全性といわれています。倒産と

は，会社の事業が継続できない状態に追い込まれることです。たとえ利益が出ていても，過大な在庫を抱えていたり，売掛金が回収できなかった場合，借入金の返済ができなかったり，買掛金の支払ができずに倒産するケースがあります。つまり，利益は出ているが支払のための現金が不足する状態です。そのような状態を決算書から推測することができます。

ここでは，会社の安全性を<u>短期的安全性</u>と<u>長期的安全性</u>の２つの視点から確認します。まずは，現在から１年以内の短期的な会社の状態を判断するための考え方を紹介します。

（１）流動資産・当座資産 vs. 流動負債

貸借対照表の資産と負債を勘定科目ではなく，大きなカテゴリーに分けて観察してみましょう。短期的な安全性を知るためには，流動資産・当座資産と流動負債の金額を比較します。それぞれのカテゴリー区分を**図表３－１**のＡ社とＢ社の貸借対照表で確認してみましょう。

図表３－１ 流動資産，当座資産，流動負債とは

流動資産・負債，固定資産・負債のカテゴリーは，決算書に記載されています。これらは以下のように分類されます。

- **流動資産**……<u>１年以内に現金化できる資産</u>（現金・普通預金・売掛金・有価

30　第1編　会社の業績を知るための会計

証券・商品など）

- **当座資産**……流動資産の中で特に換金しやすいもの（＝すぐに支払に使える）（現金・普通預金・売掛金・有価証券など）。モノを販売して資金を回収しないと現金化されない「商品」など，棚卸資産はここには含まれていません。
- **流動負債**……1年以内に支払・返済しないといけない負債（買掛金・支払手形・短期借入金など）
- **固定資産**……1年を超えて所有する資産（建物・土地・機械装置など）
- **固定負債**……1年を超えた返済期日が来る負債（長期借入金など）

　上記のように，「流動」と「固定」の違いは1年がポイントです。短期的な安全性を知るためには，1年以内に支払や返済に困らないかどうかを流動資産と流動負債を比較して確認します。さらに短い期間での安全性を確認するには，すぐに現金化できない棚卸資産を除いた当座資産と流動負債を比較します。それでは，A社とB社の短期的な安全性を確認してみましょう。

（**A社**）　　流動資産　4,000万円　＞　流動負債　2,600万円

　　　　　　当座資産　2,500万円　＜　流動負債　2,600万円

　決算時点で持っている1年以内に現金化できる資産（流動資産）が，1年以内に支払・返済しないといけない負債（流動負債）より多くなっています。

　＝1年以内の資金には余裕がある可能性が高い。

　しかし，A社の場合すぐに支払に使える当座資産は流動負債より少なくなっています。

　＝手持ちの現金などの現状の資金に余裕がなく，すぐに資金が不足する可能性が高い。

（**B社**）　　流動資産　3,000万円　＜　流動負債　3,500万円

　　　　　　当座資産　2,500万円　＜　流動負債　3,500万円

　決算時点で持っている1年以内に現金化できる資産（流動資産）とすぐに支払に使える当座資産が，1年以内に支払・返済しないといけない負債（流動負債）より少なくなっています。

　＝1年以内の資金にも，現状の資金にも余裕がなく，すぐに資金が不足する

可能性が高い。

（2）流動比率と当座比率

（1）の比較を割合にしたものを，流動比率，当座比率といいます。比率にすると，他社や業種の平均と比較し，高いか低いかを知る目安となります。計算例は以下となります。

▶ 流動比率（％）＝流動資産÷流動負債×100

▶ 当座比率（％）＝当座資産÷流動負債×100

＜図表 3 － 1 から，A 社と B 社の計算例＞

- A 社の流動比率：流動資産4,000万円÷流動負債2,600万円×100＝約153.8％
- A 社の当座比率：当座資産2,500万円÷流動負債2,600万円×100＝約96.2％
- B 社の流動比率：流動資産3,000万円÷流動負債3,500万円×100＝約85.7％
- B 社の当座比率：当座資産2,500万円÷流動負債3,500万円×100＝約71.4％

目安として一般的には，以下のようにいわれています。
- 流動比率が200％以上あれば，1 年以内の会社の資金に余裕がある（安全性が高い）。
- 当座比率が100％以上あれば，現状の会社の資金に余裕がある（安全性が高い）。

次に業種別の指標の平均値を確認してみましょう（**図表 3 － 2**）。業種の特徴によっても，数値が異なることがわかると思います。

図表 3 － 2　流動比率，当座比率の業種別平均値

指標	建設業	製造業	情報通信業	卸売業	宿泊業・飲食サービス業
流動比率	223.8％	194.5％	245.7％	179.4％	159.6％
当座比率	160.4％	126.6％	190.4％	127.9％	132.5％

（出所）中小企業庁「中小企業実態基本調査　令和 5 年度速報（令和 4 年決算実績）」より，各業種の平均値を小数点 2 桁以下を四捨五入して著者が再編加工（https://www.e-stat.go.jp/stat-search/file-download?statInfId=000040171097&fileKind=0）（2024年 7 月 3 日アクセス）。

32　第1編　会社の業績を知るための会計

＜流動比率，当座比率を確認する際の注意点＞

①　比率の％にとらわれず，差額がいくらあるのかも確認しよう

　短期的な安全性を確認する際には，単純に流動比率や当座比率が基準より高いか，低いかだけで判断するのではなく，流動資産や当座資産と流動負債の差額を把握することが重要です。たとえばA社の場合，流動資産が4,000万円，流動負債が2,600万円であり，その差額は1,400万円です。

　流動比率や当座比率が200％を超えているような場合でも，その金額差が少ない場合には，予期せぬ大きな損失や大量の在庫の仕入れによって，短期的に資金不足になる可能性があります。A社の場合は，1,400万円の差額を考慮しながら，適切に仕入れや支払を行う必要があります。

②　流動資産や当座資産，流動負債の内容に要注意

　以下のケースの場合は，実際にはすぐに使えない資産や，すぐに支払わなければならない負債が含まれていることになります。資産，負債の内容についても把握しておきましょう。

- 売掛金の中に，取引先の会社が倒産してしまっていて回収不能のものが含まれている。
- 販売を終了した商品など，不良在庫が含まれている。
- 賞与や税金など既に発生しているが，帳簿上に計上されていない負債がある。
- 長期借入金のうち，1年以内に返済期日が来る分が含まれている。

③　業種による特性を把握し，どの指標を重要視するか確認しよう

　流動比率ではなく，当座比率を確認すべき業種もあります。たとえば，中古自動車販売業のように，多くの在庫を抱えている業種の場合には，流動資産が流動負債より多くても，在庫が現金化されないと支払にはあてられません。また，建設業で工事進行基準により売上高を計上している企業は，入金（代金回収）は工事完成時であり，仕入れ代金や外注費の支払は翌月末になるなど，入金日と支払日に差が生じている場合も，流動資産だけでなく当座資産を確認するようにしましょう。

2　会社の長期的な安全性を確認しよう

　これからの経営が安定的に続けられるかどうかを，長期的な視点から判断するための指標として，自己資本比率があります。

(1) 総資本にどのくらい自己資本が含まれているか

　総資本（会社が所有している資金合計）と自己資本（返済しなくてよい資金と利益の積み重ね）の関係を**図表3－3**で確認してみましょう。以下，説明の便宜上，純資産＝自己資本として説明を行います。総資本は，返済の義務のない資本と利益の積み重ねである純資産（自己資本），他人に返済する義務がある負債（他人資本）から成り立っています。総資本のうち，自己資本が多くを占めていると，長期的な安全性が高いといえます。

図表3－3　総資本には，どのくらい自己資本が含まれている？

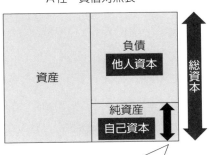
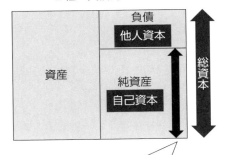

（2）自己資本比率

　会社の総資本に占める自己資本の割合を自己資本比率といいます。計算例は以下となります。

　　▶自己資本比率（％）＝自己資本÷総資本×100

　自己資本比率が高い会社は，返済の義務のない資本と利益の積み重ねである純資産が多いので安全性が高いといえます。業種や資産の内容にもよりますが，自己資本比率が40％を超えてくると，財務の安全性は高いとされることがあります。

　次に業種別の指標の平均値を確認してみましょう（**図表3－4**）。業種の特徴によっても，数値が異なることがわかると思います。

図表3－4 **自己資本比率の業種別平均値**

指標	建設業	製造業	情報通信業	卸売業	宿泊業・飲食サービス業
自己資本比率	47.3%	46.4%	54.9%	42.6%	16.2%

（出所）中小企業庁「中小企業実態基本調査　令和5年度速報（令和4年決算実績）」より。各業種の平均値を小数点2桁以下を四捨五入して再編加工（https://www.e-stat.go.jp/stat-search/file-download?statInfId=000040171097&fileKind=0）（2024年7月3日アクセス）。

（3）自己資本比率を確認する際の注意点

　自己資本比率についても，総資本（＝総資産）の規模が小さい場合には，自己資本比率が40％を超えているから長期的な安全性が高いとは必ずしもいえないケースもあります。

　たとえば，総資本が400万円，資本金が100万円，繰越利益剰余金60万円の場合，自己資本比率は40％となります。このような会社が1年間で1,000万円の損失を出した場合，債務超過になります。

　自己資本比率が高いことを理由に，すべてのケースで長期的な安全性が高いとは判断できません。結局のところ，資産と負債の状況を把握し，観察し，想像することが重要になります。

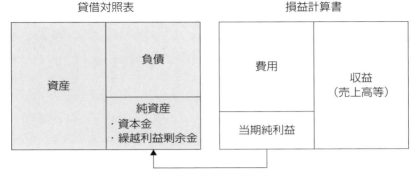

当期純利益は繰越利益剰余金として，純資産に繰り入れられます。
その結果，純資産が増えます。

さて，純資産（自己資本）はどうやって増やすのでしょうか？

<u>自己資本比率は総資本が減るか，純資産（自己資本）が増えることにより増加します。</u>**図表3－5**を確認してみましょう。純資産は大きく分けると資本金と繰越利益剰余金（当期純利益の積み重ね）となります。つまり，<u>資本金を増やすか（増資）か，損益計算書の当期純利益を繰越利益剰余金に計上していく</u>ことが，自己資本比率を上げていくことにつながります。

結局，長期的な安全性を上げるためには<u>利益を継続して出し続けることが重要</u>になります。

3　借入金返済能力を確認しよう

次に，会社の安全性を確認します。具体的には，借入金の残高を把握し，何年で返済できるかを計算することによって，借入金を本当に返済できるかどうかを判断します。返済年数が長すぎると安全性が低く，短い年数で返済できる場合は，安全性が高いと判断できます。

36　第1編　会社の業績を知るための会計

（1）借入金残高を把握する

　図表3－6のR美容室とT菓子卸の借入金残高を確認してみましょう。その名のとおり借入金と名前がつくものです。

- 短期借入金（流動負債）……1年以内に支払・返済するお金のこと。
- 長期借入金（固定負債）……1年を超えて，長期にわたって返済するお金のこと。

図表3－6　R美容室・T菓子卸　貸借対照表

（単位：万円）

科　目		R美容室	T菓子卸	科　目		R美容室	T菓子卸
流動資産	現金	50	70	流動負債	買掛金	500	6,000
	普通預金	4,250	6,830		短期借入金	1,500	6,000
	売掛金	400	11,200		未払金	500	1,200
	貯蔵品	200	3,000		その他	1,500	5,400
	その他	0	100	固定負債	長期借入金	5,500	20,000
固定資産	建物	0	3,700		その他	300	4,300
	器具備品	6,000	15,000	負債合計		9,800	42,900
	土地	0	10,000	純資産	資本金	900	2,500
	保険積立金	0	300		繰越利益剰余金	1,000	5,000
	その他	800	200	純資産合計		1,900	7,500
資産合計		11,700	50,400	負債・純資産合計		11,700	50,400

- R美容室の借入金：短期借入金1,500万円＋長期借入金5,500万円＝7,000万円
- T菓子卸の借入金：短期借入金6,000万円＋長期借入金20,000万円＝26,000万円

（2）借入金返済年数の計算

　次に，借入金がその会社にとって多いのか，少ないのかを判断するために，<u>年間に会社が生み出す資金によって何年で借入金を返済できるか</u>を計算します。当期純利益と，実際に支払わない費用である減価償却費が返済原資となります。計算式は以下となります。

　　▶借入金返済年数（年）＝借入金残高÷（当期純利益＋今後1年間の減価償却費）

第3章 決算書を分析しよう　37

　これは，債務償還年数ともいって，金融機関の融資の際に重要視されている
指標です。それでは，R美容室とT菓子卸の場合を計算してみましょう。

図表3－7 R美容室・T菓子卸　損益計算書

（単位：万円）

科　目	R美容室	T菓子卸
売上高	30,000	134,400
売上原価	6,000	72,000
売上総利益	24,000	62,400
⋮		
減価償却費	300	2,000
当期純利益	400	1,500

- R美容室：借入金残高7,000万円÷（当期純利益400万円＋減価償却費300万円）＝10年
- T菓子卸：借入金残高26,000万円÷（当期純利益1,500万円＋減価償却費2,000万円）＝約7.4年

⟹一般的な目安は10年を超えるかどうかで，10年を超えると返済が厳しいと
　いわれます。

4 　会社の収益性を確認しよう

　次に，安全性の視点ではなく，会社が収益を上げる力があるかという観点で
会社の業績を判断する方法を考えます。

（1）総資産利益率（Return on Assets：ROA）

　会社が効率よく利益を上げているかどうか知るには，会社が持っている総資
産からどれだけ利益が生み出されたのかを確認します。これは，総資産利益率
（ROA）と呼ばれ，会社が持っている総資産からたくさん利益が生み出される
ほど，効率良く利益が上げていることになります。計算式は以下になります。

　▶総資産利益率（ROA）（％）＝当期純利益÷総資産×100

　総資産利益率の計算の際は，ここでは当期純利益を使っていますが，目的に
応じて営業利益や経常利益などで計算する場合もあります。

38　第1編　会社の業績を知るための会計

＜計算例＞

- A社：総資産5,000万円　当期純利益500万円の場合
  総資産利益率＝500万円÷5,000万円×100＝10％
- B社：総資産2,500万円　当期純利益350万円の場合
  総資産利益率＝350万円÷2,500万円×100＝14％

⟹ A社よりB社のほうが，効率よく利益を上げていると判断できます。

業種別の平均値を確認してみましょう。業種の特徴によっても，数値が異なることがわかると思います。

| 図表3－8 | 業種別総資産利益率（ROA）（黒字かつ自己資本プラス企業平均値） |

指標	建設業	製造業	情報通信業	卸売業	飲食店・宿泊業
総資産利益率（ROA）	10.1%	8.1%	20.4%	9.6%	11.9%

（出所）日本政策金融公庫「小企業の経営指標調査（調査年度2021，2022年度）」総資本経常利益率（調査対象：黒字かつ自己資本プラス企業平均値）より（https://www.jfc.go.jp/）（2024年7月3日アクセス）。

（2）総資産利益率を確認する際の注意点

●同業種間での比較で活用しましょう

設備投資が多い業種（製造業・建設業等）は，資産が多くなるためROAが低くなり，設備投資が少ない業種（サービス業・ソフトウェア業等）はROAが高くなる傾向があります。業種により指標が異なるため，異業種を比率で比較しても正しく判断できません。

●総資産利益率だけでは判断せず，安全性も含めて比較しましょう

総資産利益率はあくまでも，収益を上げる力を確認するための指標です。資産が多く，当期純利益がたくさん出ていたとしても，借入金がたくさんあって資金に余裕がない場合は，収益を上げる力はあったとしても会社としての安全性は高くありません。さまざまな観点から会社を確認して判断することが重要です。

●複数年分を分析してみましょう

1年分計算をしたところで，その年度だけ多く利益が計上できた場合，その

第3章　決算書を分析しよう　　39

会社の収益状況を判断することはできません。複数年分を分析し，その会社の
実情を把握しましょう。

例題1　各指標を計算してみよう

E社の20XX年11月の決算書から，①〜⑤を計算しましょう（本書では，こ
れ以降の計算を含めて，小数点以下第2位を四捨五入します）。

①流動比率　　　②当座比率　　　③自己資本比率　　　④借入金返済年数
⑤総資産利益率（ROA）

図表3-9　E社　20XX年11月期の貸借対照表

（単位：万円）

科　目		金額	科　目		金額
流動資産	現金	100	流動負債	買掛金	800
	普通預金	900		短期借入金	800
	売掛金	1,100		その他	450
	商品	800	流動負債合計		2,050
流動資産合計		2,900	固定負債	長期借入金	2,170
固定資産	建物	1,120	固定負債合計		2,170
	車両運搬具	300	負債合計		4,220
	土地	1,200	純資産	資本金	800
	その他	450		繰越利益剰余金	950
固定資産合計		3,070	純資産合計		1,750
資産合計		5,970	負債・純資産合計		5,970

※次年度の減価償却費は20XX年度と同じ金額とします。

40　第1編　会社の業績を知るための会計

図表3－10 ┃ E社　20XX年11月期の損益計算書

(単位：万円)

科　目	金額
売上高	13,200
売上原価	9,600
売上総利益	3,600
役員報酬	800
給料手当	1,100
法定福利費	380
福利厚生費	100
旅費交通費	150
水道光熱費	100
リース料	300
家賃	100
減価償却費	200
雑費その他	70
販売管理費合計	3,300
営業利益	300
営業外損益	130
経常利益	430
特別損益	－130
税引前当期純利益	300
法人税等	100
当期純利益	200

例題1　解　答

① 流動比率：流動資産2,900万円÷流動負債2,050万円×100＝141.5%

② 当座比率：当座資産2,100万円÷流動負債2,050万円×100＝102.4%

　　　　当座資産＝現金100万円＋普通預金900万円＋売掛金1,100万円＝2,100万円

③ 自己資本比率：自己資本（＝純資産）1,750万円÷総資本5,970万円×100
　＝29.3%

④ 借入金返済年数：借入金合計2,970万円÷（当期純利益200万円＋今後1
　年間の減価償却費200万円）＝7.4年

　　　　借入金合計＝短期借入金800万円＋長期借入金2,170万円＝2,970万円

第3章　決算書を分析しよう　　41

⑤　総資産利益率（ROA）：当期純利益200万円÷総資産5,970万円×100
　　　＝3.4％

例題2　どちらの会社の安全性が高いでしょうか？

　例題1のE社と，同業種のP社の安全性を比較してみましょう。

　P社の，①流動比率，②当座比率，③自己資本比率，④借入金返済年数，⑤総資産利益率（ROA）を計算し，E社のものと比較してみましょう。

図表3－11　E社とP社の20XX年11月期の貸借対照表

（単位：万円）

科　目		E社	P社	科　目		E社	P社
流動資産	現金	100	300	流動負債	買掛金	800	2,000
	普通預金	900	2,400		短期借入金	800	4,500
	売掛金	1,100	3,500		その他	450	1,500
	商品	800	1,000	流動負債合計		2,050	8,000
流動資産合計		2,900	7,200	固定負債	長期借入金	2,170	7,500
固定資産	建物	1,120	3,500	固定負債合計		2,170	7,500
	車両運搬具	300	1,000	負債合計		4,220	15,500
	土地	1,200	1,200	純資産	資本金	800	1,200
	その他	450	1,500		繰越利益剰余金	950	－2,300
固定資産合計		3,070	7,200	純資産合計		1,750	－1,100
資産合計		5,970	14,400	負債・純資産合計		5,970	14,400

※ P社の今後1年間の減価償却費は500万円，当期純利益は500万円。

例題2　解　答

　P社の指標は以下のとおりです。

①　流動比率：流動資産7,200万円÷流動負債8,000万円×100＝90％

②　当座比率：当座資産6,200万円÷流動負債8,000万円×100＝77.5％
　　　当座資産＝現金300万円＋普通預金2,400万円＋売掛金3,500万円＝6,200万円

③　自己資本比率：自己資本（＝純資産）－1,100万円÷総資産14,400万円×100
　　　＝－7.6％

42　第1編　会社の業績を知るための会計

④　借入金返済年数：借入金合計12,000万円÷（当期純利益500万円＋今後1
　　年間の減価償却費500万円）＝12年
　　　　　借入金合計＝短期借入金4,500万円＋長期借入金7,500万円＝12,000万円
⑤　総資産利益率（ROA）：当期純利益500万円÷総資産14,400万円×100
　　＝3.5％

図表3－12　E社とP社の指標比較

（単位：万円）

	E社	P社
流動資産	2,900万円	7,200万円
流動負債	2,050万円	8,000万円
①流動比率	141.5%	90%
当座資産	2,100万円	6,200万円
②当座比率	102.4%	77.5%
③自己資本比率	29.3%	−7.6%
④借入金返済年数	7.4年	12年
⑤総資産利益率（ROA）	3.4%	3.5%

図表3－12のように，並べて比較すると数値の違いに気づくかと思います。
流動資産の状況は，
　　E社は　流動資産　＞　流動負債
　　P社は　流動資産　＜　流動負債　となっています。
資産と負債の状況は，
　　E社は　資産　＞　負債　となっており，資産超過
　　P社は　資産　＜　負債　となっており，債務超過
となっていることがわかります。

第3章 決算書を分析しよう

コラム3 ● 貸借対照表は会社の健康状態を知るツール

決算書をただの数値だと思って眺めていると，難解な数値の羅列に見えますが，会計感性を持って決算書を眺めると，ぼんやり以下のようなイメージが浮かび上がってきます。

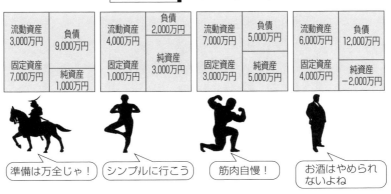

図表3-13　4例の貸借対照表

人間は人種，容姿，能力などさまざまで誰一人同じ人間はいません。会社も同じです。同じ決算書を持つ会社はどこにもありません。貸借対照表を人間に置き替えると健康状態を知るツールといえます。着飾ったり，筋肉隆々だったりするのは，あくまでも個性であり，どれにも正解はありません。一方，長年の食事や運動，さまざまな生活習慣や経験を積み重ねた結果が，その人の体に出ていることは確かです。その体は，今までのその人の人生を表しているともいえます。

決算書を見るときにあなたなりのイメージを持って，想像してみると決算書を見る面白さが増します。借入金や修繕費が多いのは，設備の多さが原因かな？　資産が少ないのに利益が出るのは，話題のサービスが原因かな？　など，決算書を見るだけで，その背後にある情景が浮かび上がってきます。そのような状態になれば，会計感性が身に付いています。

まずは，あなたなりのイメージを持って決算書を眺めてみましょう。経営には正解はありませんから，考えることと想像することは自由です。そのたびに，会計感性が研ぎ澄まされるでしょう。

第2編
会社の発展のための会計

46　第2編　会社の発展のための会計

第4章

総原価を回収できる売上高を知ろう

─この章で学ぶこと─

1．総原価を回収できる売上高（損益分岐点売上高）を理解し，イメージをつかもう。
2．損益分岐点売上高を，公式を使わずに計算できるようになろう。

　第1編では，第三者がどのように会社の状況を判断するかという視点で解説してきました。しかし，本章からは，会社の発展のために，経営者や伴走者として会社をサポートする人が，会計感性を使いながら会計をどのように活用するかという視点で解説します。第2編からの「会計」は決算書から確認できる数値だけではなく，顧客数や販売単価などの決算書に載っていない数値も含みます。

　本章では，会社を継続するために絶対に必要な「利益」に焦点を当てていきます。そのため，貸借対照表ではなく，損益計算書に着目していきましょう。そして，「損益分岐点売上高」という難しい言葉の計算式が出てきます。計算式を覚えても，丸暗記ではすぐに忘れてしまいます。考え方を理解し，会計感性が身に付いてくれば，どのようなケースでも当てはめることができるようになります。

1　損益分岐点売上高とは

　会社を継続するためには，利益を出さなければなりません。利益を出すため

には，損失を防ぐために，最低限いくらの売上高が必要なのか予測しておく必要があります。そうでないと「どんぶり勘定」となり，収支を計算して初めて利益か損失かがわかる状態になります。その結果，資金管理が難しくなり，経営判断が遅れてビジネスチャンスを逃すことにつながります。

　それを防ぐためには，事前に損益分岐点売上高を計算しておきます。<u>損益分岐点売上高とは，会社が総原価を回収するのに必要な売上高を知るための計算</u>のことです。つまり，総原価（売上原価と販売費・一般管理費）を差し引いた後の営業利益が０円，つまり利益も損失も出ない売上高のことです（**図表４−１**参照）。損失と利益の分岐点（分かれ目）となる売上高という意味で，損益分岐点売上高の金額以上の売上高であれば利益になり，損益分岐点売上高を下回る売上高であれば損失になります。わかりやすく，トントンになる売上高と表現されることもあります。

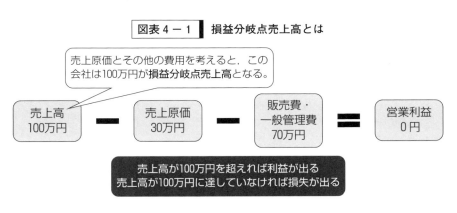

2　変動費と固定費とは

　商品の売上原価だけを考えれば，損益分岐点売上高を計算するのは簡単です。しかし，売上高を上げるためにかかる費用は，売上原価だけではありません。たとえばケーキ屋さんの場合，ケーキの材料以外に，包装する袋や，材料の送料，家賃や給料などのさまざまな費用が発生します。それらの費用には，<u>売上高に応じて金額が変わる費用（変動費）と売上高の増減に関係なくかかる費用</u>

48 　第2編　会社の発展のための会計

（固定費）の2種類があります。

　損益分岐点売上高を計算するためには，それらの費用の性質を理解し，分けて計算する必要があります。これを固変分解といいます。これらは，損益計算書には書かれていないため，自分自身で判断する必要があります。まずは，変動費と固定費がどういうものか，イメージをつかんでみましょう。

　図表4－2の小売店であるT商店の費用に着目してみましょう。一般的には，月単位で損益計算書を管理するため，月単位の損益計算書をベースに月単位の損益分岐点売上高を計算します。

　給料は40万円，光熱費は5万円，家賃は15万円と，この金額は月が変わっても変わりません。これは，事業をする限り必ず定額で固定的に発生する費用であり，このような費用を「固定費」といいます。

　一方，仕入れや売上原価，包装費などは売上高に応じて増減しています。売上原価や包装費のような費用は，売上高が増加すれば増え，売上高が減少すれば減少する費用です。このように売上高の増減に比例して増減する費用を「変動費」といいます。

　総原価＝変動費＋固定費となり，これは図表4－3のようになります。

　固定費・変動費は，業種によって異なります。業種による固定費と変動費の例（図表4－4）を確認してみましょう。

図表4－2　T商店の月次損益計算書（20X1年1月～3月）

（単位：万円）

	1月	2月	3月	
売上高	80	100	120	
売上原価	24	30	36	⇒変動費
売上総利益	56	70	84	
給料	40	40	40	⇒固定費
包装費	8	10	12	⇒変動費
光熱費	5	5	5	⇒固定費
家賃	15	15	15	⇒固定費
営業利益	−12	0	12	

総原価

第4章 総原価を回収できる売上高を知ろう　49

図表4－3　損益分岐点売上高と変動費・固定費の関係

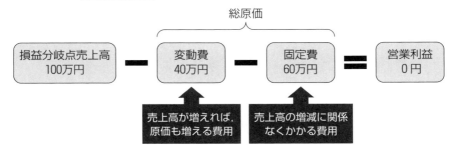

図表4－4　飲食店・美容室・病院の固定費と変動費の例

	飲食店	美容室	病院
固定費	社員の人件費，支払家賃，減価償却費，支払利息等	人件費，支払家賃，リース料，減価償却費，支払利息等	人件費，支払家賃，リース料，減価償却費，支払利息等
変動費	材料費，おしぼり代，アルバイト代等	パーマ等の薬剤，シャンプー，トリートメント等	薬代（院内処方），ガーゼ・注射針等消耗品等

★固定費と変動費を分けるポイント★
- 固定費と変動費は，事業や形態によって異なります

　飲食店の例のように，社員の人件費は固定費，アルバイト代は変動費に入る場合もあります。しかし，小規模店舗で常時アルバイト1人が必要な場合は，固定費に入ります。T商店は小売業なので，毎月，光熱費は固定費としていますが，飲食店の場合は売上高に応じて変動するようであれば変動費扱いにする場合もあります。

- 固変分解は完璧を求めず，全体像を把握することから始めましょう

　100％完璧な正解はありません。どちらの要素もある費用が必ずあります。たとえば，インターネット料金は固定料金の部分（固定費）と使用量に応じた従量課金（変動費）を組み合わせたタイプがあります。半分固定費（準固定費），半分変動費（準変動費）という考え方もあります。

⟹会計ソフトやアプリでは，変動費・固定費の設定，変動費と固定費の割合の設定機能がついているものもあります。この場合，損益分岐点売上高の計算は設定しておけば，ワンクリックでできます。

3 固定費・変動費と売上高の関係

変動費と固定費の分け方（固変分解）を理解したところで，T商店の変動費・固定費と売上高の関係を**図表4−5**のグラフで確認してみましょう。

T商店の固定費は給料と光熱費，家賃であり，売上高が80万円であろうと120万円であろうと，必ず毎月60万円がかかります。一方，変動費は売上原価と包装費です。売上高が0円の場合は変動費も0円ですが，売上高が上がるほど変動費は増加します。

図表4−5のグラフを確認してみましょう。固定費は常に60万円かかるため，総原価は60万円からスタートして，売上高に応じて増える変動費によって総原価（グラフの総原価線）が決まります。一方，売上高（グラフの売上高線）は0円からスタートして増加します。**図表4−5**の「●」は損益分岐点となります。

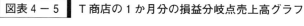

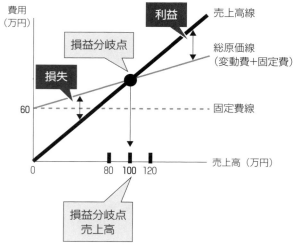

図表4−5　T商店の1か月分の損益分岐点売上高グラフ

第4章　総原価を回収できる売上高を知ろう　　51

損益分岐点で総原価（固定費＋変動費）と売上高の線が交わります。その交点の売上高が損益分岐点売上高になります。よって，**図表4－5**の売上高が損益分岐点より右にずれれば，利益の幅は大きくなり，左にずれると損失が大きくなります。

4　損益分岐点売上高の計算をしよう

（1）限界利益とは

　固定費，変動費，売上高の関係をイメージできるようになったら，次は損益分岐点売上高の計算をしてみましょう。固定費と変動費は損益計算書には記載されていないため，固定費と変動費に分ける際には，**図表4－6**のように損益計算書を組み替えてイメージをつかみましょう。

　売上原価と販売費・一般管理費を変動費と固定費に分けて組み替えたところ，

図表4－6　損益計算書を組み替える

T商店の月次損益計算書
（20X1年2月）

（単位：万円）

科目名		金額
売上高		100
売上原価		30
売上総利益		70
販売費・一般管理費	給料	40
	包装費	10
	光熱費	5
	家賃	15
費用合計		70
営業利益		0

T商店の組み替え後の月次損益計算書
（20X1年2月）

（単位：万円）

科目名		金額
売上高		100
変動費	売上原価	30
	包装費	10
変動費合計		40
限界利益		60
固定費	給料	40
	光熱費	5
	家賃	15
固定費合計		60
営業利益		0

営業利益が0円なので，T商店の損益分岐点売上高は100万円である。

限界利益という新しい言葉ができました。これは，売上高から変動費を引いたものです。

▶限界利益（円）＝売上高－変動費

　限界利益は損益計算書には載っていませんが，社内で会社運営のために損益計算書を見る際に，非常に重要な利益です。ここに出てきた利益という言葉をまとめてみると，以下のようになります。

- 売上総利益……売上高から売上原価を引いた後の利益のことです。荒利（粗利）ともいいます。
- 限界利益……売上高から変動費（売上高に連動する費用）を引いた後の利益であり，貢献利益ともいわれます。商品やサービスを販売することで，直接得られる利益ともいえます。
- 営業利益……売上高から売上原価と販売費・一般管理費を引いた後の利益のことです。

（2）限界利益率とは

　限界利益率とは，売上高に占める限界利益の割合のことです。言い換えると，会社が商品やサービスを販売した際に直接得られる利益の割合のことです。一方，売上高総利益率は，売上原価以外に商品やサービスを販売した際にかかる費用（包装費・運送費など）が含まれていないので，純粋に商品やサービスから得られた利益率とはいえません。限界利益率を計算するには，限界利益を売上高で割れば求められます。

▶限界利益率（％）＝限界利益÷売上高×100

（3）損益分岐点売上高の計算

　限界利益率が把握できたら，支払わなければならない固定費の金額を限界利益率で割り戻せば損益分岐点売上高を計算できます。言い換えると，限界利益が，支払うべき固定費をちょうどまかなう売上高が損益分岐点売上高となります。
　Ｔ商店の場合，売上高が０円の時は変動費も０円です。しかし，売上高は０

第4章 総原価を回収できる売上高を知ろう 53

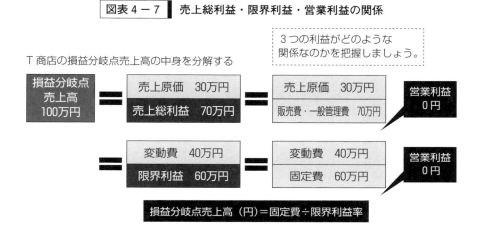

円でも固定費60万円は常にかかります。そのため、固定費60万円分は最低限売上高でまかなわないと損失になってしまいます。しかし、60万円の売上高では、売上高と共に発生する変動費がまかなえません。固定費分の60万円をT商店の限界利益率で割り戻すことで、T商店の損益分岐点売上高を計算できます。**図表4－7**で理解を深めましょう。

(4) 損益分岐点売上高を計算するためのステップ

損益分岐点売上高を計算する前に、今までに出てきたステップを以下にまとめます。

STEP1	限界利益を計算するために、総原価を固定費と変動費に分ける
STEP2	限界利益を計算する　限界利益（円）＝売上高－変動費
STEP3	限界利益率を計算する　限界利益率（％）＝（限界利益÷売上高）×100
STEP4	損益分岐点売上高を計算する　損益分岐点売上高（円）＝固定費÷限界利益率

計算式にすると、以下のようになります。

▶損益分岐点売上高（円）＝固定費÷(1－変動費÷売上高)

　　　　　　　　　　　　　　　　　　　　　限界利益率を計算している

図表4－8 T商店の月次損益計算書（20X1年1月）と組み替え後の損益計算書

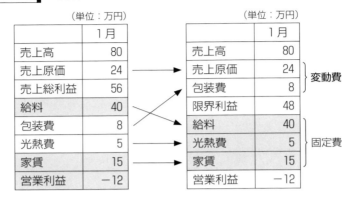

それでは，次に20X1年1月の損益計算書（**図表4－8**）より，T商店の損益分岐点売上高を計算してみましょう。

- STEP1 　限界利益を計算するために，総費用を固定費と変動費に分ける
  　　　　固定費：給料40万円＋光熱費5万円＋家賃15万円＝60万円
  　　　　変動費：売上原価24万円＋包装費8万円＝32万円
- STEP2 　限界利益を計算する：売上高80万円－変動費32万円＝限界利益48万円
- STEP3 　限界利益率を計算する：（限界利益48万円÷売上高80万円）×100＝限界利益率60％
- STEP4 　損益分岐点売上高を計算する：固定費60万円÷限界利益率60％＝損益分岐点売上高100万円

計算式を覚えずに，計算の仕組みを理解すれば，損益分岐点売上高の計算は決して難しくありません。この理解があれば，さまざまな場面で応用できます。詳しくは第5章で解説します。

第4章 総原価を回収できる売上高を知ろう 55

例題1 損益分岐点売上高を計算してみよう①

図表4-9にあるAうどん店，Bうどん店の①～⑥を計算してみましょう。

図表4-9	A・Bうどん店 20X2年3月売上高比較

	Aうどん店	Bうどん店
売上高（万円）	120	150
変動費（万円）	48	52.5
固定費（万円）	72	65
限界利益（万円）	①	④
限界利益率（％）	②	⑤
損益分岐点売上高（万円）	③	⑥

例題1 解 答

- Aうどん店
  - ① 限界利益：売上高120万円－変動費48万円＝72万円
  - ② 限界利益率：限界利益72万円÷売上高120万円×100＝60％
  - ③ 損益分岐点売上高：固定費72万円÷限界利益率60％＝120万円
- Bうどん店
  - ④ 限界利益：売上高150万円－変動費52.5万円＝97.5万円
  - ⑤ 限界利益率：限界利益97.5万円÷売上高150万円×100＝65％
  - ⑥ 損益分岐点売上高：固定費65万円÷限界利益率65％＝100万円

図表4-10	A・Bうどん店 20X2年3月売上高比較

		Aうどん店		Bうどん店
売上高（万円）		120		150
変動費（万円）		48		52.5
固定費（万円）		72		65
限界利益（万円）	①	72	④	97.5
限界利益率（％）	②	60	⑤	65
損益分岐点売上高（万円）	③	120	⑥	100

56　第２編　会社の発展のための会計

　Ｂうどん店は，Ａうどん店より変動費が高いですが，限界利益率は65％と
Ａうどん店よりＢうどん店が高くなっています。このように限界利益率によっ
て，損益分岐点売上高が異なってくることがわかります。

例題2 損益分岐点売上高を計算してみよう②

　Ｘラーメン店の20X2年10月の営業利益は，マイナス24万円となっていまし
た。Ｘラーメン店の損益分岐点売上高はいくらでしょうか。変動費は売上原価，
アルバイト人件費，水道光熱費とします。

図表4－11　Ｘラーメン店　月次損益計算書（20X2年10月）より抜粋

（単位：万円）

売上高	360
売上原価	108
売上総利益	252
役員報酬	84
社員人件費	40
アルバイト人件費	24
水道光熱費	12
家賃	30
減価償却費	30
リース料	56
販売費・一般管理費合計	276
営業利益	－24

人件費とは，給料と法定福利費を含んだものを指します。

※アルバイトは忙しいときだけ来てもらっています。

例題2 解答

損益分岐点売上高　400万円

- STEP1　変動費：売上原価108万円＋アルバイト人件費24万円＋水道光熱費12万円＝144万円
　　　　　固定費：役員報酬84万円＋社員人件費40万円＋家賃30万円＋減価償却費30万円＋リース料56万円＝240万円
- STEP2　限界利益：売上高360万円－変動費144万円＝限界利益216万円
- STEP3　限界利益率：限界利益216万円÷売上高360万円×100＝60％
- STEP4　損益分岐点売上高：固定費240万円÷限界利益率60％＝400万円

図表4－12でイメージを確認しましょう。

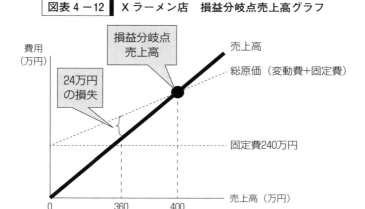

図表4－12　Xラーメン店　損益分岐点売上高グラフ

コラム 4 ● テクノロジーで判断スピードを最速にする

　本章で学んだ限界利益率を算出するためには，例題のように，ビジネス規模が小さく取扱い商品が1つならばすぐに算出できます。しかし実際には，さまざまな商品を取り扱ったり，複数の店舗を持ったり，業種が複数ある場合など，算出するには時間や手間がかかります。

　そこで必要なのが，テクノロジーの活用です。今は会計アプリや商品管理アプリなど，さまざまなものが発売されています。レシートから自動的に文字を読み取り，人間が正確な仕訳に修正すると，AIの学習機能が次も同じように認識して仕訳してくれます。あらかじめ変動費や固定費を設定しておくと，自動的に損益分岐点売上高や限界利益率だけでなく，流動比率や総資産利益率（ROA），労働分配率など，さまざまな指標をボタン1つで瞬時に計算してくれます。

　一方で，その計算結果の数値を見て，何かを感じることができるのは人間だけです。また，何を感じるかは一人ひとり違います。何も感じない人は次の行動が起こせませんが，何かを感じた人は新商品を開発する，店の配置を変える，従業員から意見を聞くなど次の行動に取り掛かる強力なきっかけとなるのです。それこそが，AIやロボットではなく人間にしかできないことです。

　ここ最近のAIの進化には目を見張るものがありますし，今後も新しいテクノロジーが会計業界に入り，自動化が進むでしょう。テクノロジーを拒否することは，自分の成長やキャリアの進展を妨げることにつながります。自分の仕事が減れば，その分違うことに時間を割くことができます。テクノロジーのメリットを十分享受するために，最新のトレンドや技術にアンテナを張っておきましょう。

　便利なテクノロジーを使っての会計書類の作成は，これからますます簡単になり，速くなるに違いありません。しかし，決算書はあくまでも過去のことしか教えてくれません。一方，これから起こる未来のことは，誰にもわからないので，未来のことはあなた自身でしか判断できません。判断するには，会計感性が必要になります。AIやロボットに計算を頼りきりにしていると会計感性が身に付かないので，本書にある最低限の会計知識を得たうえで，テクノロジーを便利に使いこなすことが重要になります。テクノロジーと会計感性を両方使い，思考し，判断するスピードを最速にすることが，これから求められることなのです。

第5章

目標営業利益を
達成するために必要な売上高

─ この章で学ぶこと ─
1. 目標営業利益を達成するために，必要な売上高を計算できるようになろう。
2. 限界利益率を活用して，さまざまな場面で目標営業利益達成のための売上高を計算できるようになろう。

　第4章では，損益分岐点売上高の計算方法を学びました。しかし，損益分岐点売上高を達成しても営業利益は出ません。本章では，損益分岐点売上高の計算方法を応用し，限界利益率を活用して目標営業利益を達成するための売上高を計算する方法を学びます。

　本章で学ぶ内容は，大変応用が利きます。使いこなせるようになれば，会計感性が身に付いた証拠です。

1　損益分岐点売上高を下げるには？

　営業利益を出すためには，損益分岐点売上高を超えなければなりません。どうすれば容易に超えられるでしょうか。損益分岐点売上高を下げることでハードルは確実に下がります。損益分岐点を下げる方法は3つあります。図表5－1の損益分岐点売上高の表を見ながら考えてみましょう。

図表5-1　損益分岐点売上高を下げるには

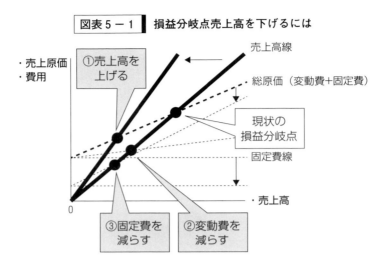

<損益分岐点売上高を下げる方法>

① 売上高を上げる
   例：販売数量の増加，販売単価の引き上げ，サービス単価の引き上げ

② 変動費を減らす
   例：製造方法・提供方法の変更，購入先変更による材料費の引き下げ，簡易包装への変更による包装費の削減，複数の業者をまとめ取引量に応じて値下げ交渉

③ 固定費を減らす
   例：家賃の安い場所に移転する，定期購読物を絞る，アルバイト人員を活用する，看板を効果の高いものに絞る，清掃業者の利用をやめて自社社員で行う

★ポイント★
　すべて行うことが理想ですが，取り組みやすい順番に優先順位を決めて進めることが重要です。状況にもよりますが，自社主導で決めることができるほど取り組みやすいといえます。

第5章　目標営業利益を達成するために必要な売上高　61

- パターン①（一番取り組みやすい）：固定費の削減……ほとんど自社で決めることができる。
- パターン②：変動費の削減……仕入先と交渉して安くしてもらう必要がある。
- パターン③（一番難易度が高い）：売上高を上げる……自社の対策，お客さんに選んでもらえるようなお店にする必要がある。

　変動費は材料費や製造のための水道光熱費，配送費などが含まれます。これらは，材料の分量の変更や社内での運用の変更など，社内で管理ができるものがある一方，仕入先との交渉などは自社では決めることができないので，固定費と比較すると削減のハードルが高いといえます。

　また，コスト削減というと聞こえがいいのですが，むやみに人員を削減した結果，従業員の定着率が下がったケースもあります。従業員のモチベーションが下がらないように，人員の削減は特に慎重に行う必要があります。

2 目標営業利益達成のための必要売上高を計算しよう

　損益分岐点売上高を達成した時点では営業利益は出ません。そのため，まず目標となる営業利益額を決めます。次に，その目標営業利益を達成するための売上高を計算します。売上高と損益分岐点売上高，目標営業利益を達成するための必要売上高の違いを，**図表5-2**で確認しておきましょう。

　損益分岐点売上高の計算では，最低限かかる費用である固定費をまかなえる売上高を求めるために，限界利益率で割り戻すことで，損益分岐点売上高を計算しました。これを応用し，目標営業利益を固定費に足して計算することで，目標営業利益を達成するための必要売上高が計算できます。

▶必要売上高（円）＝（固定費＋目標営業利益）÷限界利益率

　　参考：損益分岐点売上高（円）＝固定費÷限界利益率

　　　　　限界利益率（％）＝（売上高－変動費）÷売上高×100

　それでは，目標営業利益が60万円のYラーメン店の必要売上高の計算をしてみましょう。

図表 5－2 売上高，損益分岐点売上高，必要売上高の違い

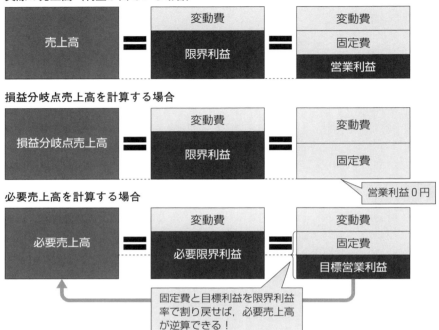

① Yラーメン店の必要売上高の計算例

固定費240万円，限界利益率60％，目標営業利益60万円の場合，以下のように計算します。

　　必要売上高＝（固定費240万円＋目標営業利益60万円）÷限界利益率60％
　　　　　　　＝500万円

　　　参考：損益分岐点売上高＝固定費240万円÷限界利益率60％＝400万円

営業利益を60万円出したい場合，500万円の売上高が必要なことがわかりました。

Yラーメン店の損益分岐点売上高は，固定費240万円÷限界利益率60％＝400万円となります。

これらの計算をもとに，具体的に目標営業利益60万円を達成するための方法について考えていきます。

② 損益分岐点売上高を下げるための対策例

- パターン1　固定費を220万円に下げる。

  （固定費220万円＋目標営業利益60万円）÷限界利益率60%

  ＝必要売上高　約467万円

- パターン2　仕入先を変更し変動費を下げた結果，限界利益率を60%から65%に変更する。

  （固定費240万円＋目標営業利益60万円）÷限界利益65%

  ＝必要売上高　約462万円

- パターン3　販売単価を引き上げた結果，限界利益率を65%に上げる。

  （固定費240万円＋目標営業利益60万円）÷限界利益65%

  ＝必要売上高　約462万円

⟹このように，損益分岐点売上高を下げる対策により，必要売上高は変わってきます。

3　設備投資の可否の目安を知ろう

ここからは，必要売上高の計算の考え方を他に応用する方法を学んでいきましょう。コストパフォーマンスという言葉を聞いたことがありますか。コスパという略称でも日常に使われているほど一般的です。かけたコストに対して，効果があったかどうかを示す指標としてよく使われます。

たとえば，100万円の機械装置のコストパフォーマンスについて考えてみましょう。最低でも100万円以上の営業利益（売上高ではありません）が出ないとコストパフォーマンスが良いとはいえないでしょう。そのために，必要な売上高を把握する必要があります。ここでは，設備投資にかかるコストを回収するために必要な売上高を計算し，その結果を設備投資の判断基準とする方法を学びます。

64　第2編　会社の発展のための会計

　考え方は，必要売上高の計算と同じです。設備投資額分の営業利益を出すと考えれば，設備投資額を限界利益率で割り戻すことにより，設備投資代をまかなうための必要売上高を計算できます。

　▶設備投資の可否の目安となる売上高増加額
　　＝設備投資額（諸費用含む）÷限界利益率

┌─[ケース：Nエステ店の設備導入の検討例]─────────────────
│
│　　Nエステ店では，新しい美容機器の設置を検討しています。必要となる資金を
│　回収するために，必要な売上高はいくらになるでしょうか。
│　［基礎データ］
│　●美容機器の設備本体・運送費・設置費で合計430万円かかります。
│　●資金430万円は，自己資金130万円，銀行借入れ300万円で準備することを予
│　　定しています。
│　●銀行からの借入金返済期間は5年間で，5年間の利息額は20万円がかかる見
│　　込みです。
│　●Nエステ店の限界利益率は60％です。
│
└─────────────────────────────────────

　この場合，設備投資した金額分の営業利益を出さなければ，設備投資代を回収したとはいえません。それを算出するには，設備投資代分に要した資金を回収できる売上高を計算しましょう。

　美容機器の設備本体は400万円ですが，それ以外にかかる費用も合わせて考える必要があります。設備投資には，設備本体だけでなく運送費，設置費などの諸費用がかかるため，その分も含めて計算します。

　また，忘れがちなのが利息です。設備購入費を銀行借入れで調達した場合は，支払利息も諸費用として考える必要があります。支払利息は，借りたお金に対して支払う費用です。Nエステ店の場合，利息は20万円とします。

　この場合，必要な売上高増加額＝（設備投資額＋設備投資諸費用）÷限界利益率となりますので，設備投資分の必要な売上高増加額＝（設備投資額430万＋利息20万）÷限界利益率60％＝750万円と計算ができます。

　設備投資を回収するために必要な売上高の増加額を計算したら，その金額を配分して具体的な金額へ落とし込んでいきます。すぐに750万円の売上を上げ

ることは難しいため，回収期間，回収割合（１年目40％，２年目30％など）を決定し，年額，さらには月額に配分します。改装の場合，初年度の効果が最も大きく，２年目以降は効果が薄れることが多いです。投資の実態に合わせて回収期間を設定することがポイントです。

ただし，回収期間については，最大でも借入期間内とすることが望ましいといえます。今回の場合は５年以内が目標です。５年間の毎年の必要売上高を計算した例が**図表５－３**となります。１年目から５年目までの売上高が実現可能かどうかを検討し，設備投資を行うかどうかを検討します。

図表５－３ Ｎエステ店　設備投資額回収のための必要な売上高

	１年目	２年目	３年目	４年目	５年目	合計金額
設備投資額回収に必要な売上高	300万円	225万円	112.5万円	75万円	37.5万円	750万円
年あたりの回収割合	40％	30％	15％	10％	5％	

4 社員を新しく雇用する場合，どれだけ売上高を増加させるべきか？

次に，社員を新しく雇用する場合に必要な売上高を計算してみましょう。この場合でも，同じ考え方で限界利益率を使って社員の人件費をまかなうための必要売上高を計算できます。人件費については，詳しくは第８章で説明しますが，社員の給料以外に社会保険や退職金などの諸費用も計算に含める必要があります。社員が増える時にかかるすべての金額を把握したうえで，必要売上高を計算してみましょう。必要売上高や設備投資の必要売上高と同じように，限界利益率で割り戻すことで計算ができます。

▶新しく社員を雇用した場合の必要売上高増加額
　＝（新しく雇用する人の人件費＋諸費用）÷限界利益率

66　第2編　会社の発展のための会計

―[ケース：K商会のスタッフ新規雇用の場合]―――――――――

　卸売業K商会は，業務多忙のため月額20万円の給料で新たに社員を雇用しよ
うと考えています。雇用後，給料に見合う営業利益を確保するために必要な売上
高はいくらでしょうか。

［基礎データ］

- 社員1人にかかる社会保険料（法定福利費に含む）の会社負担分は3万円です。
- 別途退職金の積立てを会社負担にて月額1万円しています。
- 変動費は，売上原価，包装費，運送費です。給料以外の雇用に伴う固定費の
  増加はありません。
- 20XX年8月の月次損益計算書の抜粋は**図表5－4**のとおりです。

| 図表5－4 | K商会（卸売業）の月次損益計算書（20XX年8月）から抜粋 |

（単位：万円）

売上高	1,000
売上原価	800
売上総利益	200
役員報酬	40
給料	30
法定福利費	10
包装費	30
運送費	20
雑費その他	50
販売費・一般管理費合計	180
営業利益	20

　まず，社員1人を雇用する場合に，新たにかかる費用を見積もります。K商
会の場合は，社員1人にかかる費用は給料と社会保険料，退職金積立金となり
ますので，新しく雇用する社員にかかる1か月あたりの費用は，給料20万円＋
社会保険料3万円＋退職金積立金1万円＝24万円です。

　社会保険料（法定福利費に含む）については，詳しくは第8章で解説しますが，
本人と会社が折半して負担する費用です。社員を雇用すると，会社は退職金積
立金など給料以外にも負担する金額がありますので，その分の売上高も増やす

必要があります。他にも，社員研修費用やデスク・PCなどの追加費用も考慮に入れて計算する必要があります。

　それでは，社員１人を増やすために必要な売上高を計算します。社員１人にかかる１か月あたりの費用を限界利益率で割り戻します。

- 限界利益＝売上高1,000万円−変動費850万円（売上原価800万円＋包装費30万円＋運送費20万円）＝150万円
- 限界利益率＝150万円÷売上高1,000万円×100＝15％
- 給料20万円の社員１人を増やすための必要売上高＝社員１人にかかる１か月あたりの費用24万円÷限界利益率15％＝160万円

　よって，月額給料20万円の社員を１人雇うためには，月の売上高を160万円増やす必要があります。

　もし採用したい人材の給料が30万円の場合，社会保険料は給料の金額に応じて変動するため，会社負担分が５万円に増えると仮定します。その場合，給料30万円の社員を１人増やすためには，以下の計算をします。

- 社員１人にかかる費用＝給料30万円＋社会保険料５万円＋退職金積立分１万円＝36万円
- 給料30万円の社員１人を増やすための必要売上高＝社員１人にかかる１か月あたりの費用36万円÷限界利益率15％＝240万円

　よって，給料30万円の従業員を１人雇うためには，月の売上高を240万円増やす必要があります。

　これらの計算ができたら，次にどのような社員を雇用するべきか，どのように売上高を確保していくべきかを検討することができます。

68 第 2 編 会社の発展のための会計

例題1 目標営業利益達成のための必要売上高を計算してみよう

H洋服店は，10月に営業利益額40万円を目標にしました。**図表 5 - 5** の月次損益計算書から，10月の必要売上高を計算してみましょう。変動費は，売上原価と包装費です。

＜解答への道すじ＞

限界利益率を計算して，必要売上高を計算しましょう。

図表 5 - 5 H洋服店　月次損益計算書（20X0年 9 月）より抜粋

（単位：万円）

売上高	500
売上原価	225
売上総利益	275
役員報酬	60
給料	140
法定福利費	40
包装費	10
その他固定費	35
営業利益	－10

例題1 解　答

10月の必要売上高：約594万円

- 変動費：売上原価225万円＋包装費10万円＝235万円
- 固定費：役員報酬60万円＋給料140万円＋法定福利費40万円＋その他固定費35万円＝275万円
- 限界利益：売上高500万円－変動費235万円＝265万円
- 限界利益率：限界利益265万円÷売上高500万円×100＝53％
- 必要な月間売上高：（固定費275万円＋目標営業利益40万円）÷限界利益率53％＝594.3万円

第5章　目標営業利益を達成するために必要な売上高　69

　H洋服店の営業日が25日の場合，9月と比較して10月から1日にいくら多く売れればよいか考えてみましょう。

- 10月の必要売上高増加額：10月必要売上高594万円－9月売上高500万円＝94万円
- 1日に必要な売上高増加額：94万円÷営業日25日＝3.8万円

　このように1日単位に落とし込むことで，目標とする売上高が明確になります。販売単価を見直したり，集客増加のためのイベントを利用するなど，具体的な対策を立てることができます。

例題2　店舗の移転をどこにすべきか？　必要売上高から検討してみよう

　小売店Wストアは，売上不振のため移転を考えています。
［基礎データ］
- A町（郊外）の店舗の家賃は毎月5万円です。駐車場が2台で2万円，毎月合計7万円かかります。
- B町（商店街）の店舗の家賃は毎月30万円です。駐車場代は不要です。商店街の中心ですが，競合店も存在します。
- 目標営業利益は毎月30万円です。
- アルバイトの社会保険料（法定福利費に含む）は負担していません。
- 変動費は，売上原価，給料（アルバイト），包装費です。
- Wストアの月次の損益計算書は**図表5－6**のとおりです。

　次の①〜④を求めて，家賃が違う場合の必要売上高について比較してみましょう。

70　第2編　会社の発展のための会計

図表5－6　Wストア　月次損益計算書（20XX年3月）より抜粋	

（単位：万円）

売上高	300
売上原価	90
売上総利益	210
役員報酬	40
給料（社員）	55
給料（アルバイト）	15
法定福利費	25
包装費	15
家賃	20
その他固定費	45
営業利益	－5

①　Wストアの限界利益率は？

②　現在の場所で，目標営業利益を達成するための必要売上高は？

③　A町に移転し，目標営業利益を達成するための必要売上高は？

④　B町に移転し，目標営業利益を達成するための必要売上高は？

例題2　解　答

①　限界利益率：60％

- 変動費：売上原価90万円＋給料（アルバイト）15万円＋包装費15万円＝120万円
- 限界利益：売上高300万円－変動費120万円＝180万円
- 限界利益率：限界利益180万円÷売上高300万円×100＝60％

②　現在の場所での必要売上高：358.3万円

　固定費を計算し，それに必要利益を加算した金額を限界利益率で割り戻します。

- 固定費：役員報酬40万円＋給料（社員分）55万円＋法定福利費25万円＋家賃20万円＋その他固定費45万円＝185万円
- 現在の場所での必要売上高：（固定費185万円＋目標営業利益30万円）÷限界利益率60％＝358.3万円

③　Ａ町に移転した場合の必要売上高：336.7万円

家賃が５万円と駐車場代２万円で７万円となります。現在の家賃20万円（**図表5－6**）から Ａ町移転後は，固定費が13万円下がります。

（固定費185万円－家賃減額分13万円＋目標営業利益30万円）÷限界利益率60％＝336.7万円

④　Ｂ町に移転した場合の必要売上高：375万円

家賃が現在の20万円から Ｂ町に移転することで，10万円上がります。

（固定費185万円＋家賃増額分10万円＋目標営業利益30万円）÷限界利益率60％＝375万円

このような計算をしなくても，固定費の増減額を限界利益率で割れば，差額がすぐに計算できます。

- Ａ町移転に伴う必要売上高の減少額：家賃減額分13万円÷限界利益率60％＝約21.7万円
- Ｂ町移転に伴う必要売上高の増加額：家賃増額分10万円÷限界利益率60％＝16.7万円

Ａ町に移転すれば，必要売上高が21.7万円分下がり，Ｂ町へ移転すれば必要売上高が16.7万円増えると考えると現実的に可能かどうか検討しやすくなります。限界利益率を知っておけば，さまざまなシーンで応用ができます。

コラム 5 ● 会計感性を育てていこう！

　感性とは，外界の事象（人・もの・こと・場）に対する感受性および感受性に基づく統合的な心の働きのことです。会計感性とは，外部の事象が数値として表れた決算書などの会計情報を通じて，事業の結果を読み取り，その数値から感じる心の働きのことを指します。そして，会計感性がある人は，決算書などの数値を活用し，それをもとに会社の状況を想像できるだけでなく，観察から違和感を感じとったり，問題点を見つけたり，行動の結果を予測できる人です。

　会計感性は，すべてのビジネスで役に立ちますが，すべての経営者が身に付けているわけではありません。事業では，顧客に対し価値を提供し，その対価を得ることがその中心になっており，たとえばパン屋さんを起業する人であれば，お客さんがおいしいと感じるパンを焼く技術を持っていることが多いのです。しかし，多くの人は，価値を生み出すための専門技術を持っていても，その技術を使って得た収益の結果である決算書を見る機会があまりありません。

　また，経営の現場で会計に最も近い経理部門では，さまざまな資料から正式な会計処理を行い，1円も間違っていない会計書類を作ることに注意は払われていても，そのでき上がった会計書類を観察しないケースや，そもそも興味を持っていないというケースもあります。このように，会計や経理に関わる現場では会計感性が意識されていないことがあります。

　しかし，ビジネスの世界では価値を提供して対価を得ることで，継続的に利益を上げていく必要があります。事業を継続するためには，価値の創造能力を磨くことに加えて，決算書などの数値情報から情報を読み取り，自社の状況を正しく把握することがとても重要です。会計感性は誰でも身に付けることができます。意識を変えるだけで，会計感性は育てることができるのです。

第6章

売上高を分析しよう

─■この章で学ぶこと■─────
1. 売上高を分析しよう。
2. 何が売上高に貢献しているのかを知ろう。
3. 限界利益を活用しよう。

　会社を経営するうえで絶対必要なことは，継続的に利益を上げることです。そのためには，売上高を上げて，総原価をコントロールすることが必要になります。数値から見ると簡単ですが，実現することが難しいのです。実現するためには，何をするのかを考え，考えたことを実行する必要があります。これは，経営のPDCA（Plan, Do, Check, Action）の考え方にも通じています。

　第5章までは，利益を上げるために必要な売上高を計算する方法を学びました。本章では，目標営業利益を確保し，安定的な経営を行うための売上高を観察する視点を学びましょう。

［1］ 売上高を分析するポイントを知ろう

　売上高の構成を分析することは，会社が何からどれくらいの売上高を上げているかを理解し，その成果を確認するとともに，課題を把握し，これから利益を得るための戦略を考えるためのとても大事なプロセスです。まずは，売上高を比較することによって分析するポイントを知りましょう。

　今月の売上高を他の月の売上高と比較することで，今月の売上高の分析がで

きます。しかし、単に2か月分を比較するだけでは、見落としてしまう要素もあります。以下のポイントを押さえましょう。

(1) 基本は、前年同月・前月・前年累計と比較する

Kラーメン店の20X2年6月の売上高を比較する場合は、基準となる月（20X2年6月）の前月（20X2年5月）、前年同月（20X1年6月）、累計額（20X1年1月～6月と20X2年1月～6月）を**図表6-1**のように比率を計算して比較します。

これらの単純比較は、会計アプリを使っていれば、ボタン1つで表示できますが、以下の（2）、（3）、（4）のポイントはアプリでは考慮してくれませんので、自分で判断することが重要です。

図表6-1 Kラーメン店の2期間の月別比較売上高（20X2年6月売上高分析用）

（単位：万円）

	20X1年	20X2年
1月	340	375
2月	320	380
3月	330	375
4月	350	360
5月	370	385
6月	400	390
1月～6月累計額	2,110	2,265

累計……1月～6月末時点での売上高合計

> 20X2年6月の売上高は、前年より売上高が低いが、6月末時点では前年より順調に売上高が伸びているとわかる。

比較する対象	計算式	比率
対前年同月比（20X1年6月 vs. 20X2年6月）	390万円÷400万円	97.5%
対前月比（20X2年5月 vs. 20X2年6月）	390万円÷385万円	101.3%
累計比（20X1年1月～6月 vs. 20X2年1月～6月）	2,265万円÷2,110万円	107.3%

(2) 前月・前年など複数の期間と比較する

前月だけ、前年だけとの比較だと、他の変動要因による増減を見落とすことがあります。飲食店であれば、忘年会シーズンである12月は他の月と比較すると売上高が大きく伸びます。屋根工事業の場合は、台風シーズンに売上高が大

第6章 売上高を分析しよう 75

きくなります。他にも，競合店の状況や災害など一時的な変動要因による増減の影響を見極めるためにも，複数の期間と比較することを忘れないようにしましょう。

（3）相場（市場価格）の影響に気を付ける

図表6－2のレタス販売の実績の売上高と限界利益を比較してみましょう。20X2年の売上高は前年比1.4倍と上がっていますが，得られる限界利益は減っています。

相場（市場価格）がある商品を扱っている場合には，売上高の金額自体も当然目安の1つとなりますが，相場による変動の影響を考慮し，売上高，販売個数，限界利益などを確認することが重要になります。

図表6－2 レタス販売での売上高と限界利益

(単位：円)

	20X1年	20X2年
売上高	10,000	14,000
1個あたりの単価	100	200
販売個数	100	70
レタス売上による限界利益	3,000	2,800
1個あたりの限界利益	30	40

（4）営業日数や曜日に気を付ける

前月，前年比の売上高増減だけに気を取られていると，意外に気が付かないのが，営業日数や曜日です。たとえば，宅配事業で週3回宅配の場合，その月に配達の月曜日が4回なのか5回なのかで大きく異なります。また，土・日が休みの場合，その月によって営業日の日数自体が変わります。その場合は，1日あたりや週あたりで比較するなど，同じ基準で比較することが重要です。

2　売上高への貢献度を分析しよう

次に，比較ではなく違う視点から売上高を分析してみましょう。売上高の方程式から2つの要素を取り出し，貢献度を分析してみます。それぞれの要素の増減がこの売上高の変動に与えている影響を金額として把握することができます。このことにより，売上高の増減の理由を正確に把握し，今後の取るべき対策を立てる場合の目安にもなります。

図表6－3のR雑貨店の売上高増加の原因を探ってみましょう。

図表6－3　R雑貨店　2期間比較

	売上高	客数	平均客単価
20X1年11月（前期）	4,000,000円	400人	10,000円
20X2年11月（当期）	4,620,000円 （前年同月比115.5%）	420人 （前年同月比105%）	11,000円 （前年同月比110%）

このうち，客数を縦軸，販売単価を横軸にして関係を表にまとめてみます（**図表6－4**）。

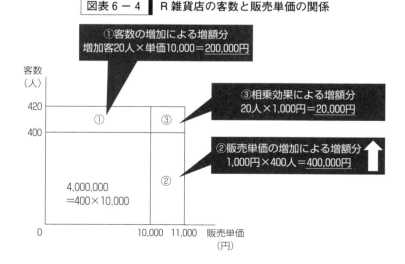

第6章 売上高を分析しよう　77

　当期11月の売上高の増加要因のうち，影響度が一番高いのは平均客単価が上がったことであることがわかりました。したがって，客数の増加よりも単価の増加対策を優先すべきだとわかりました。

3　損失でも売るべき？　商品販売継続の判断基準

　顧客からの要望や新商品開発の結果，取扱い商品が増えることがあります。売上高の増加につながっている場合は問題ありませんが，一方で損失が発生している場合には，取扱い商品数を絞るか検討が必要です。商品販売を続けるか，中止するかの判断が求められます。この考え方は，取扱い商品数を絞る時だけでなく，事業の廃止や店舗の閉鎖にも応用できます。
　損失が出ている商品や部門であっても，限界利益を生み出し，会社全体の固定費を回収している場合があります。限界利益とは，売上高から変動費を差し引いた利益のことで，固定費の回収や営業利益を上げるのに直接貢献します。固定費は，事業を続ける限り必ず発生するため，限界利益が高いほど固定費を回収する能力が高まります。固定費を回収した後は，そのまま営業利益の増加につながります。
　つまり，損失が出ているからといって，必ずしも商品の販売を中止すべきではない場合があります。この場合，損失が出ている理由だけで販売を中止したり，事業を廃止したりすると，会社全体の損失がさらに広がることもあります。これらの判断をするためには，「商品販売や事業が生み出している限界利益」と「商品販売や事業を廃止することで削減できる費用」を比較する必要があります。

＜計算手順＞

①　その商品や事業が生み出している限界利益の金額が，いくらかを計算する。
②　その商品の販売停止や事業廃止により，削減できる固定費の金額がいくらかを計算する。
　• その費用が，販売停止となる商品や廃止する事業の単独の費用であるの

78　第2編　会社の発展のための会計

かを確認する。
- 会社全体に共通してかかっている費用の場合は，負担分を按分して計算
  する。
③　①限界利益と，②削減できる固定費を比較する。

＜商品販売を中止，事業を廃止，店舗閉鎖などを検討する場合のポイント＞

- ①限界利益　＞　②削減できる固定費

　　商品や事業ごとの収支が損失である場合でも，その商品の販売中止や事
業廃止，店舗閉鎖は，固定費の削減幅よりも限界利益の減少のほうが大き
いため，会社の損失がさらに広がる結果となります。

- ①限界利益　＜　②削減できる固定費

　　商品販売や事業が生み出している利益額（限界利益）が，その商品の販
売中止や事業廃止，店舗閉鎖によって削減できる固定費額よりも小さい場
合，その商品の販売中止や事業廃止，店舗閉鎖によって会社の損失幅は減
少する可能性が高いといえます。

次に，実例を確認してみましょう。

［ケース：Kコスメ店の商品販売中止の検討例］

　医薬品，化粧品販売業のKコスメ店は，A商品とB商品の収支が大きく損失
だったため，商品の販売中止を検討しています。
［基礎データ］
- 売上原価と販売費，配送費は変動費，その他の費用はすべて固定費です。
- 販売員は，他の商品の販売も担当しています。A・B商品の商品ごとの収支
  を計算するため，商品の販売個数をもとに，販売活動に対する労力配分の割
  合を計算し給料を按分しています。
- A商品の雑費は30万円です。内訳は以下となります。
  単独費用（商品取扱料）15万円　　按分費用（支払利息・家賃他）15万円
- B商品の雑費は40万円です。内訳は以下となります。
  単独費用（商品取扱料）20万円　　固定費（支払利息・家賃他）20万円
- 商品ごとの損益計算書，按分した負担分を計算して組み替えた表は**図表6-
  5**のとおりです。

第6章　売上高を分析しよう　　79

| 図表6－5 | A・B商品　損益計算書（20XX年3月期） |

（単位：万円）

	A商品	B商品
売上高	300	320
売上原価	200	170
売上総利益	100	150
人件費（給料含む）	30	80
販売費	60	60
配送費	30	40
雑費	30	40
営業利益	－50	－70

（単位：万円）

		A商品	B商品
	売上高	300	320
変動費	売上原価	200	170
	販売費	60	60
	配送費	30	40
	限界利益	10	50
固定費	人件費	30	80
	雑費①単独	15	20
	雑費②按分	15	20
	営業利益	－50	－70

①　限界利益を求めましょう

- A商品の限界利益：売上高300万円－変動費（売上原価200万円＋販売費60万円＋配送費30万円）＝10万円
- B商品の限界利益：売上高320万円－変動費（売上原価170万円＋販売費60万円＋配送費40万円）＝50万円

②　削減できる固定費を計算しましょう

　販売員は正社員であり，他の商品の販売も担当しています。そのため，A・B商品の販売を終了しても，給料を急に削減することは難しいです。また，今回は商品の販売終了を検討していますが，店舗の閉鎖は考えていないため，家賃の減額も難しいです。支払利息についても，すでに借り入れている資金の利息であり，削減はできません。よって，削減できるのは単独費用の販売手数料のみとなります。

- A商品削減固定費：15万円（固定費のうち，雑費①単独費用のみ）
- B商品削減固定費：20万円（固定費のうち，雑費①単独費用のみ）

80　第2編　会社の発展のための会計

③　限界利益と削減できる固定費を比較してみましょう

- A 商品　限界利益10万円　＜　削減できる固定費15万円

　⟹販売を中止すべきです。

- B 商品　限界利益50万円　＞　削減できる固定費20万円

　⟹販売を継続すべきです。

　もし，B 商品の販売担当者が B 商品専門の派遣社員だった場合を考えてみましょう。派遣社員だった場合は，契約終了時に販売員給料が削減できます。

　よって，限界利益50万円＜削減できる固定費20万円＋派遣社員給料80万円（合計100万円）となるので，販売を中止すべきだと判断できます。

例題1　売上高を分析してみよう

　K ラーメン店の12月の目標営業利益30万円を達成するためには，あと20万円売上高を増やす必要があります。①～⑤に解答してみましょう。

[基礎データ]

- 11月の状況：客単価　1 人あたり800円，1 か月の客数は3,000人
- 1 か月の総客数のうち初回客は750人，固定客は1,500人
- 固定客の来店頻度1.5回／月　　営業日数25日／月

①　11月の売上高はいくらでしょうか？

②　客単価は変えずに目標増加売上高（現在の売上高＋20万円）を達成するには，月あたり何人の増客が必要でしょうか？

③　月あたりの目標来店人数は？

④　固定客の来客頻度を増加させることで，③で求めた来客数を達成するための来客頻度は？

⑤　そのためにできそうな対策は？（自由回答）

例題1　解答

① 11月売上高＝客数×単価
　　客数3,000人×単価800円＝売上高240万円
② 目標増加売上高：20万円÷客単価800円＝増加目標人数250人
③ 目標来客人数：客数3,000人＋増加目標人数250人＝3,250人
④ 固定客1,500人×X回＋初回客750人＝3,250人
　　X＝1.7…回　　固定客の来店頻度を1.5回⇒1.7回に増やす
⑤ 対策：クーポン券配付，来店ポイントサービスなど，来店頻度を優先した対策を検討する　等

例題2　売上高への貢献度を分析してみよう

B美容室の20XX年10月と11月の売上高から，どの要素の貢献度が高いかを分析しましょう。

売上高が10月と比べて11月に伸びた理由について，客数と客単価のどちらの影響が大きいか考えてみましょう。

図表6-6　B美容室　10月，11月の売上高表

	10月	11月
売上高	120万円	144万円
客　数	300人	320人
客単価	4,000円	4,500円

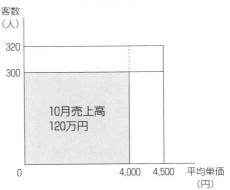

図表6-7　B美容室　10月の客数と平均単価の関係

例題2 解 答

　図表6－8の貢献度分析の結果，平均単価が500円上がったことが15万円分の売上高増加につながり，客数の増加による売上高の増加分8万円分よりも，影響が大きいことがわかりました。どのような対策が客単価の上昇に効果があったのかを検証する必要があります。

　たとえば，サービスのアップグレード（カットにトリートメントを追加するなど），新しいヘアケア商品の販売，ヘッドスパなどの追加サービスの提供が客単価の上昇に貢献した可能性があります。

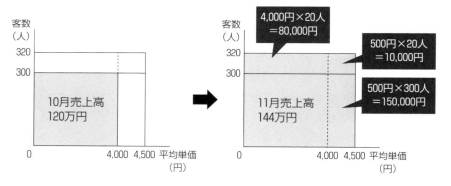

図表6－8　B美容室　10月，11月の客数と平均単価の関係

第６章　売上高を分析しよう　83

例題3　店舗閉鎖の判断をしてみよう

　Ｋうどん店は，港町店の損失が続いているため，店舗の閉鎖を検討しています。これ以上損失を増やさないためには，店舗を閉鎖すべきでしょうか。

［基礎データ］

- Ｋうどん店は，港町店と駅前店の２店舗を経営しています。
- 港町店のアルバイトは全員期間限定で雇用しているため，閉店となった場合は退職してもらう予定です。しかし，港町店の役員報酬40万円と法定福利費８万円は削減できません。
- 変動費は，売上原価のみです。その他はすべて固定費として計算します。
- Ｋうどん店の20X0年３月の損益計算書は**図表6－9**のとおりです。

図表6－9　Ｋうどん店　月次損益計算書（20X0年３月）

(単位：万円)

科目	港町店	駅前店	合計
売上高	150	200	350
売上原価	57	66	123
売上総利益	93	134	227
役員報酬	40	40	80
給料（アルバイト分）	20	25	45
法定福利費	12	13	25
水道光熱費	10	10	20
家賃	18	20	38
その他固定費	10	11	21
販売費・一般管理費合計	110	119	229
営業利益	−17	15	−2

① 　港町店の限界利益額を計算してみましょう。

② 　港町店の閉鎖で削減できる固定費を計算してみましょう。

③ 　港町店を閉鎖すべきでしょうか。

84　第２編　会社の発展のための会計

例題3　解　答

① 港町店の限界利益額：93万円

　　売上高150万円－変動費（売上原価57万円）＝93万円

② 削減できる固定費合計：62万円

　　削減できる給料：給料（アルバイト分）20万円＋法定福利費のうち４万円（役員の法定福利費８万円を除いた分）＝24万円

　　削減できる固定費：削減できる給料24万円＋水道光熱費10万円＋家賃18万円＋その他固定費10万円＝62万円

③ 限界利益額93万円　＞　削減できる固定費62万円

　　削減できる固定費よりも，稼げている限界利益額のほうが多いので，閉店すべきではないと思われます。店の場所の移転で家賃を下げたり，駅前店より高くなっている売上原価率を見直したりと，閉店せずに営業利益を出す方法を検討すべきだと思われます。

第6章　売上高を分析しよう　85

コラム 6 ● 個人事業と法人の違い

　世の中であまり知られていないと感じることの1つに，個人事業と法人の存在があります。近所の病院・パン屋さん・美容室などは個人事業であることが多いです。その場合は，株式会社○○という組織が運営しているのではなく，山田太郎さん個人が個人事業でお店を経営しているのです。一方，個人に対して法人は，簡単にいうとさまざまな権利を持つ組織です。どちらも同じように事業を行っています。

　個人事業と法人の大きな違いは**図表 6 −10**のようになり，比較的容易に起業ができてシンプルな構造の個人事業に対し，法人は法務局への登録にお金や時間がかかります。しかし，法人化する最大のメリットは社会的信用度が個人事業に比べて高いことです。

図表 6 −10 　個人事業と法人の違い

	個人事業	法　　人
名称の例	個人事業主　山田　太郎	株式会社○○ 代表取締役社長　山田　太郎
始め方	税務署に登録する（無料）	法務局に登録する（約30万円）
やめ方	〃	法務局に登録する（約50万円）
納める税金	所得税・個人住民税など	法人税・法人住民税など
会計の仕方	確定申告（3月頃）	法人決算・申告 （決算日から2か月以内に申告）
会計期間	1月〜12月	1年間の期間は自由に決めることができる（4月〜3月など）。
経営者への報酬	給料という概念はない。利益はすべて事業主のもの。よって，毎月変動する。	経営者には役員報酬が支払われる。利益は会社に積み立てられるか，株主に配当として支払われる。
社会保険 （健康保険・厚生年金保険等）	5人以下の場合は入らなくていい場合がある。	必ず入る必要がある。 （半分は事業主の負担になる）

（2024年2月現在）

86 第2編 会社の発展のための会計

第7章

原価・在庫を管理しよう

―**この章で学ぶこと**―
1. 在庫管理がなぜ必要なのか理解しよう。
2. 在庫を数値上で計算できるようになろう。

　本章では，会社の利益に影響を与える原価や在庫について考えていきます。在庫とは，会社が所有している商品や材料などのことで，生産や販売をするためにストックしているものです。製造業であれば原材料や製造途中の製品（仕掛品），飲食業では食材，酒類卸売業では多種類の酒が在庫となります。在庫がある業種（製造業，建設業，卸売業，小売業など）は，在庫がない業種（コンサルティングなどのサービス業，ソフトウェア開発業，広告代理店など）に比べて，在庫に対する知識や原価管理のスキルが必要になります。

1 在庫管理はなぜ大事なのか？

　在庫管理が，どのように会社の経営や財産の状態に影響を及ぼすのかを考えてみましょう。

　会社が商品を仕入れた時点で在庫となります。在庫がないと売る商品がなく，売上を上げる機会を失います。一方で在庫が多すぎると，以下のような問題が発生します。

第7章　原価・在庫を管理しよう　　87

①　資金繰りの悪化

在庫を多く持っていることは，すぐに支払等に使うことができない資産を持っているのと同じことになります。

たとえば，不動産業を営む会社が，住宅用に販売予定の3,000万円の空き地を持っている場合，この土地が販売されていない在庫の状態であれば，この資産を現金のように直ちに支払の手段に使えません。つまり，在庫を抱えすぎると支払のための手元の資金（現金）が不足する心配があります。

②　管理費用がかかる

過剰な在庫の持ち過ぎは，時として倉庫料，冷蔵料などの管理費用の増加をもたらします。

たとえば，毎月在庫金額に対して約1％程度の保管料がかかる場合を考えてみましょう。平均して売上高の1か月分の在庫があるとすると，年間売上高の約1％分の保管料がかかることになります。

- 年間の売上高が1億円の会社の場合⟹年間で約100万円も保管料がかかる。
- 限界利益率が20％の会社の場合⟹100万円分の限界利益を稼ぐのに必要な売上高は500万円になる。保管料を捻出するために，500万円分の売上が必要になる。

③　在庫の適切な管理や作業のために，時間や人手がかかる

在庫の品数，数量が増えれば増えるほど，管理者には多大な負担がかかり，それはコスト増につながります。発注の手間が増えたり，在庫を把握するのに時間がかかったり，過剰在庫や不良在庫（売れ残りや使用されなくなった在庫）の原因にもなります。在庫を管理するために，無駄な時間と労力が発生することになります。

2　仕入高と売上原価と在庫の関係

次に，売上原価と在庫の関係について考えてみましょう。在庫が発生すると，

売上原価の把握が難しくなります。なぜなら，商品を仕入れてから売上が上がるまでの時間に差が生じるからです。

　図表7−1を確認してみましょう。食品卸売業A商事は，10月は売上が少ない月でしたが，11月には複数のイベントが予定されていたため，売上が上がることを見込んで10月後半にたくさん仕入れました。

図表7−1　食品卸売業A商事の3か月比較損益計算書の抜粋

（単位：万円）

科　目	10月	11月	12月
売上高	1,000	1,800	1,200
仕入高	1,120	1,200	880
売上総利益	−120	600	320

◀ 正確な売上総利益が計算できていない

　10月に仕入れに支払われた金額は1,120万円となり，その結果，売上総利益はマイナス120万円の損失となっています。10月に売れた商品の仕入れは，9月と10月に仕入れたものでした。10月に売り上げた商品と10月に仕入れた商品が完全に一致していないため，このような差が生まれます。それではどうしたら，正確な売上総利益を計算できるでしょうか。

　まず，損益計算書の勘定科目の「仕入高」と「売上原価」の違いについて理解しておきましょう。

- 仕入高……売れたかどうかにかかわらず，仕入れた金額のこと。
- 売上原価……売上高に対応する仕入高のこと。残っている在庫の金額分は含まれていません。

　売上高，仕入高，売上原価，在庫，売上総利益の関係は，図表7−2のようになります。

　正確な売上総利益を計算するには，仕入高から在庫を引いてその売上高に対応する仕入高を計算する必要があります。図表7−1のように仕入高ではなく，図表7−3のように売上原価を計算することで，正確な売上総利益が計算できることがわかります。

第7章　原価・在庫を管理しよう　89

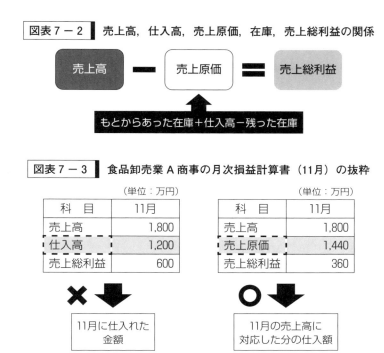

多くの中小企業では，毎月の在庫は把握せず，1年に1回の決算時にのみ在庫を数えて確認するというケースが多く見受けられます。これでは，次の2つの問題が起きます。

① 月ごとの正確な売上総利益が計算できない

決算時に一度だけ在庫を数えて正確な在庫を把握する方法だと，決算時にしか正確な売上総利益がわかりません。毎月正確な売上総利益が把握できず，今後の売上の見込みも立てられません。期間の途中で設備投資などの経営判断をしなければならないときに，誤った判断をしてしまう原因にもなります。

② 在庫の減耗把握ができないため，正確な在庫が把握できない

データ入力間違いや数え間違い，破損など，記録してある在庫と数が合わない（棚卸減耗損という）場合や，賞味期限切れや季節商品などで在庫の価値が

90　第2編　会社の発展のための会計

下がる（商品評価損という）ことがあるため，書類計算上で把握している在庫と実際の在庫はずれてきます。

　年に一度だと正確な在庫が把握できず，急な需要に対応ができないため，計画的に生産ができなかったり，横領などの問題が生じたりと無駄な管理コストを発生させる原因にもなります。

　経営者が会社の現状を正しく理解するためには，毎月正確な売上原価から売上総利益を計算し，把握することが望ましいといえます。そうはいっても，在庫の確認は，手間も時間もかかります。4節では，簡易的に在庫を把握する方法を紹介しているので，いろいろな方法を活用しながら正確な売上総利益を計算し，経営に役立てていきましょう。

3　売上原価を計算して，正確な売上総利益を計算しよう

　それでは正確な売上総利益を計算するために，売上原価を計算するための方法を学んでいきましょう。もとからあった在庫と新しく仕入れたものから残った在庫を引いた分が，売上高に対応した売上原価となります。**図表7－4，図表7－5**を参考にして，具体的なイメージを確認してみましょう。

- 月初商品棚卸高……月の最初に存在した在庫商品のこと。
- 商品仕入高……今月仕入れた商品のこと。
- 月末商品棚卸高……月末に存在した在庫商品のこと。貸借対照表の棚卸資産と同じものです。

図表7－4　売上原価の算式（商品を販売する業種の場合）

売上原価	＝	月初にあった在庫 ＝月初商品棚卸高	＋	商品仕入高	－	月末に残った在庫 ＝月末商品棚卸高

　ここでは，理解しやすいように月初商品棚卸高，月末商品棚卸高という科目で説明しました。しかし実際は，月初商品棚卸高，月末商品棚卸高という科目

第7章 原価・在庫を管理しよう　91

| 図表7－5 | 食品卸売業Ａ商事の3か月比較損益計算書の抜粋 |

（単位：万円）

科　　目	10月	11月	12月
売上高	1,000	1,800	1,200
月初商品棚卸高	400	720	480
商品仕入高	1,120	1,200	880
月末商品棚卸高	720	480	400
売上原価	800	1,440	960
売上総利益	200	360	240
売上高総利益率	20%	20%	20%

※売上高総利益率（%）＝売上総利益÷売上高×100

| 図表7－6 | 期首商品棚卸高と期末商品棚卸高の仕訳 |

	借方	貸方
1か月目	期首商品棚卸高　100万円	商品　100万円
	商品　100万円	期末商品棚卸高　100万円
2か月目	期末商品棚卸高　100万円	商品　100万円
	商品　100万円	期末商品棚卸高　100万円

は会計ソフトでは存在しません。実務では，「期首（会計期間の始まり）商品棚卸高」と「期末（会計期間の終わり）商品棚卸高」という勘定科目で**図表7－6**のように仕訳を行います。

　たとえば，10月の場合は，10月1日に残っていたものが期首商品棚卸高，10月1日から10月31日に仕入れた商品が当期商品仕入高，10月31日に売れ残っていた在庫が期末商品棚卸高になります。これを計算して，初めて正確な売上総利益が計算できます。

4　在庫金額の計算方法

　売上原価を計算するためには，月末在庫棚卸高を知らなければなりません。そのためには，在庫がいくつあるのかを把握する必要があります。それでは，

実際どのように在庫を把握するのでしょうか？

① **商品を数える**（**実地棚卸**）⇒商品を実際に数えることで在庫を把握します。

② **在庫管理システムを使って把握する**⇒在庫管理システムとは，バーコードなどを使い，リアルタイムで商品や材料の仕入れの入出庫を追跡・管理できる情報システムのことです。手動で行う場合は，商品有高帳を使用します。これにより，在庫金額を正確に把握することができます。

③ **計算上の在庫金額を使用する**⇒毎月の在庫の数を数えることが望ましいですが，手間と時間がかかり難しい場合や，在庫管理システムが導入されていない場合には，以下のように想定利益率などを活用して計算した在庫金額を活用します。計算した在庫金額は必ずしも正確な在庫とはいえませんが，おおよその売上総利益を把握することができます。それでは，計算上の在庫金額の計算法を2つ紹介します。

（1）売上高総利益率の把握・設定からの在庫金額の確定

在庫数量の把握は年に1回しかしない場合であっても，会社全体の売上高総利益率を把握することで，計算上の在庫金額を確定する方法です。

売上原価の式を入れ替えてみると，**図表7－7**のようになります。売上原価は売上高×売上原価率（売上原価率＝売上原価÷売上高）を使います。いくらで売るのか決まっているのであらかじめ計算できます。

図表7－7 在庫金額の確定方法

売上原価＝月初商品棚卸高＋商品仕入高－月末商品棚卸高

月末商品棚卸高＝月初商品棚卸高＋商品仕入高－売上原価

それでは，**図表7－8**より，食品卸売業A商事の5月の在庫金額を出してみましょう。

第7章 原価・在庫を管理しよう **93**

| 図表7－8 | 食品卸売業A商事の月次損益計算書（5月）の抜粋 |

（単位：万円）

科　目	5月
売上高	1,500
月初商品棚卸高	400
商品仕入高	1,300
月末商品棚卸高	？
売上原価	？
売上総利益	？
売上高総利益率	20％

① 売上原価率：売上高総利益率が20％なので，売上原価率は80％となる。

② 売上原価：売上高1,500万円×売上原価率80％＝1,200万円

③ 月末商品棚卸高：月初商品棚卸高400万円＋商品仕入高1,300万円－売上原価1,200万円＝500万円

　5月の在庫は，500万円と計算することができました。

　計算上求めた在庫金額の場合，在庫金額が上がり続けていたり，下がり続けていたりする場合には，設定した売上原価率と計算上利用している売上原価率に差が生じている場合があります。その場合は，検証が必要です。

（2）商品別の売上高総利益率から在庫を確定

　たくさんの商品を取り扱っていて，売上原価率がそれぞれ異なる場合，（1）の売上高総利益率の把握・設定からの在庫金額の確定では正確に計算できないことがあります。

　その場合は，次の方法が有効です。商品別に売上高総利益率を設定し，売上高×売上高総利益率により商品別の売上総利益を確定します。これを合計して会社全体での売上総利益を確定させ，商品棚卸高を計算する方法です。この場合には，より実在庫に近い商品棚卸高が計算できます。

94　第2編　会社の発展のための会計

図表7－9 K生花店の月次損益計算書（10月）から抜粋

（単位：万円）

科　　目	商品A	商品B	合計金額
売上高	450	550	1,000
月初商品棚卸高	150	250	400
商品仕入高	600	520	1,120
月末商品棚卸高	？	？	？
売上総利益	100	150	250

　それでは，**図表7－9**よりK生花店の10月の商品別在庫を計算してみましょう。K生花店が扱う商品が2品目だけであり，商品Aの売上総利益が100万円，商品Bの売上総利益が150万円となっています。

①　商品A 売上原価：売上高450万円－売上総利益100万円＝350万円

②　商品A 月末商品棚卸高：月初商品棚卸高150万円＋商品仕入高600万円－売上原価350万円＝400万円

③　商品B 売上原価：売上高550万円－売上総利益150万円＝400万円

④　商品B 月末商品棚卸高：月初商品棚卸高250万円＋商品仕入高520万円－売上原価400万円＝370万円

⑤　K生花店の10月の合計在庫金額：商品A月末商品棚卸高400万円＋商品B月末商品棚卸高370万円＝770万円

10月の在庫金額（月末商品棚卸高）は770万円と計算することができました。

図表7－10 K生花店の月次損益計算書（10月）から抜粋

（単位：万円）

科　　目	商品A	商品B	合計金額
売上高	450	550	1,000
月初商品棚卸高	150	250	400
商品仕入高	600	520	1,120
月末商品棚卸高	400	370	770
売上総利益	100	150	250

第7章　原価・在庫を管理しよう　　95

例題1　売上高総利益率から在庫金額を計算してみよう

　K生花店の10月の損益計算書の抜粋から，売上高総利益率が20％で売上総利益が200万円となる場合の，10月末の在庫金額（月末商品棚卸高）を求めてみましょう。

図表7－11　K生花店の月次損益計算書（10月）から抜粋

（単位：万円）

科　目	金額
売上高	1,000
月初商品棚卸高	400
商品仕入高	1,120
月末商品棚卸高	？
売上総利益	200

例題1　解　答

　K生花店の10月末の在庫金額（月末商品棚卸高）：720万円

　売上高－売上原価＝売上総利益となりますので，組み替えると，

　売上原価＝売上高1,000万円－売上総利益200万円＝800万円となります。

　売上原価の算式（売上原価＝月初商品棚卸高＋商品仕入高－月末商品棚卸高）を組み替えると，

　　月末商品棚卸高＝月初商品棚卸高400万円＋商品仕入高1,120万円－売上原価
　　　　　　　　　　800万円＝720万円

となります。

96　第2編　会社の発展のための会計

例題2　売上高総利益率から在庫金額を計算してみよう

　K生花店の売上高総利益率が30％だった場合の在庫金額を計算してみましょう。

図表7－12　K生花店の月次損益計算書（10月）から抜粋

（単位：万円）

科　目	金額
売上高	1,000
月初商品棚卸高	400
商品仕入高	1,120
月末商品棚卸高	？
売上総利益	？

例題2　解　答

　K生花店の在庫金額（月末商品棚卸高）：820万円

- 売上総利益＝売上高1,000万円×売上高総利益率30％＝300万円
- 売上原価＝売上高1,000万円－売上総利益300万円＝700万円
- 在庫金額（月末商品棚卸高）＝月初商品棚卸高400万円＋商品仕入高1,120万円－売上原価700万円＝820万円

例題3　在庫金額を計算してみよう

　食品卸売業A商事の売上高総利益率が，以下のような場合の在庫金額（月末商品棚卸高）を計算してみましょう。

　　売上高総利益率（％）＝売上総利益÷売上高×100

①　売上高総利益率15％の場合
②　売上高総利益率40％の場合

第7章 原価・在庫を管理しよう　97

| 図表7−13 | 食品卸売業A商事　月次損益計算書（5月）から抜粋 |

（単位：万円）

科　目	① 金額	② 金額
売上高	1,500	1,500
月初商品棚卸高	400	400
商品仕入高	1,300	1,300
月末商品棚卸高	？	？
売上原価	？	？
売上総利益	？	？
売上高総利益率	15%	40%

例題3　解　答

①　売上高総利益率15％の場合：425万円

売上総利益：売上高1,500万円×売上高総利益率15％＝225万円
売上原価：売上高1,500万円−売上総利益225万円＝1,275万円
月末商品棚卸高：月初商品棚卸高400万円＋商品仕入高1,300万円−売上原
価1,275万円＝425万円

②　売上高総利益率40％の場合：800万円

売上総利益：売上高1,500万円×売上高総利益率40％＝600万円
売上原価：売上高1,500万円−売上総利益600万円＝900万円
月末商品棚卸高：月初商品棚卸高400万円＋商品仕入高1,300万円−売上原
価900万円＝800万円

食品卸売業A商事の月次損益計算書（5月）は**図表7−14**のようになります。

98   第2編　会社の発展のための会計

| 図表7－14 | 食品卸売業A商事　月次損益計算書（5月）から抜粋 |

（単位：万円）

科　目	① 金額	② 金額
売上高	1,500	1,500
月初商品棚卸高	400	400
商品仕入高	1,300	1,300
月末商品棚卸高	425	800
売上原価	1,275	900
売上総利益	225	600
売上高総利益率	15%	40%

　売上高総利益率が違うと在庫の金額に大きな差が出ることがわかりました。
この数値を商品仕入単価で割ると個数が算出されます。不良品や期限切れのも
の，検品ミスなどは直接見ることでしか確認できないため，定期的に実在庫（実
地棚卸）の数と一致しているか確認する必要があります。

第7章　原価・在庫を管理しよう　　99

コラム 7 ● 在庫は不人気商品の象徴？

　在庫と聞いて，なかなか売れない製品や商品といったイメージを持つ人もいるかもしれません。あるいは，商品を仕入れ過ぎてしまった，材料を買い過ぎてしまった，というイメージを持つ人もいるかもしれません。これは在庫に対する悪いイメージです。

　在庫となっている商品がなかなか売れないというケースはあります。なかなか売れない状態が続いていく中で，新商品が登場すれば，ますます売れなくなるか，大幅に値下げをして売るしかなくなります。

　一方で在庫がなければ，顧客（お客さん）からの注文に直ちに応じることができません。在庫がなければ商品が入荷するまで顧客を待たせることになります。この場合，顧客が待ってくれればよいのですが，待てないということになれば，売上の獲得機会（チャンス）を失ってしまうことになります。

　つまり，在庫は多すぎても，全くゼロでも，売上の獲得機会を逃してしまいます。売上の獲得を逃してしまえば，結局のところ利益を獲得する機会を逃してしまうということになります。これは適正在庫の問題です。

　在庫は不人気商品の象徴という考え方も実はありえる話です。売れない商品はこれまでも確かにありました。売れない商品はなぜ生まれるのか？　それは顧客のニーズ（求めていること）に合っていないという原因が考えられますが，これは会計というよりもマーケティング（Marketing）の問題です。

　マーケティングでは，顧客との関係において，商品・サービスの売れる仕組みづくりを考えます。逆にいえば，マーケティングの成功または不成功の結果が決算書（会計）に表れるといういい方ができます。会計とマーケティングの関係をこのように考えてみると興味深いものです。

　在庫商品は売れれば売上の獲得につながり，売れなければ費用（原価）の回収ができない状態が続き，最悪の場合，損失を発生させてしまいます。在庫を適正に管理できるか否かは，会社の組織としての能力，経営者としての能力，管理者としての能力として，とても重要なことになります。

100　第2編　会社の発展のための会計

第8章

人件費を管理しよう

───**この章で学ぶこと**───
1．人件費の内容を知り，管理する重要性を知ろう。
2．人件費の適正金額を知るためのスキルを学ぼう。

　会社の業績が悪くなっている場合，会社はコスト削減のために人件費を減らそうとします。費用の中で大きな割合を占める人件費を適切に管理できるかどうかは，会社の利益に大きな影響を与えるからです。

　経営者にとって，費用は最小限に抑えたいものですが，人件費は少なければ良いとは限りません。なぜなら，従業員の感情に影響するからです。従業員にとって，給料が増えることは嬉しいですが，リストラによって同僚が辞めたりすることは，モチベーションに大きく影響します。その結果，会社全体の業績に影響する可能性があるのです。

1　人件費とは何を指すのか

　人件費という勘定科目は存在しませんし，決算書に記載されていません。では，人件費とは何のことでしょう。自分が手取りでもらっている給料とボーナス（賞与）を思い浮かべるかもしれませんが，実は**図表8－1**のように人件費とは会社の「人」に関わる費用全般のことを指します。給料のみと比較すると1.5〜2倍にもなるのです。

　「社会保険料や雇用保険料は，給料から引かれている」と思っていませんか？

第8章 人件費を管理しよう　101

科目	内容
役員報酬	社長など役員へ支払われる給料のことです。
給料	従業員に毎月支払われる給料のことです。
賞与	従業員に年に2回程度支払われるボーナスのことです。
法定福利費	社会保険料（健康保険料・厚生年金保険料等）や雇用保険料，労災保険料などの会社負担分です。
福利厚生費	社内旅行，健康診断費用など，従業員が働きやすくするために従業員に使う費用のことです。
退職金	従業員の退職の際に支払うものです。積み立てられていることが多いです。
人材採用費	採用のためにかかる費用のことです。
教育研修費	研修会参加料や講師料など，従業員の職務スキル向上のために支払う費用のことです。

図表8-1　人件費に含まれる科目と内容

　実は，社会保険料と雇用保険は会社と個人で半分ずつ負担し，労災保険などは会社が全額負担しています。人件費の総額を簡易的に把握したい場合は，役員報酬＋給与＋賞与の合計額の約1.5倍と考えるとわかりやすいです。

　また，財務分析の指標で人件費を計算する際は，福利厚生費，人材採用費，教育研修費等を除外する場合もありますので，注意が必要です。

2　金額をコントロールできる人件費とできない人件費

　人件費の中でも，経営者が金額をコントロールできるものと，できないものがあります。コントロールできるものを管理可能費，コントロールできないものを管理不能費とよびます。**図表8-2**を確認してみましょう。

　給料は，雇用契約に従って支払うものであり，従業員のモチベーション低下につながるため，減額は行いづらいものです。また，法定福利費は，法律で定められている金額を支払います。今後の社会情勢を考えると，厚生年金保険料や健康保険料，雇用保険料などの社会保険料はさらに増加することが予想されます（これらの保険料は，給料から給料日に天引きされます）。よって，経営者の判断で，勝手に増減することはできません。

102　第2編　会社の発展のための会計

図表8－2	人件費の管理可能費・管理不能費

コントロールの可否	
役員報酬	○
給料	×
賞与	○
法定福利費	×
福利厚生費	○
退職金	○
人材採用費	○
教育研修費	○

○……管理可能費
×……管理不能費

　一方，役員報酬は経営者と株主が同一である多くの中小企業の場合には，実質的に経営者の判断で減額できるため，最も削りやすい人件費といえます。福利厚生費や教育研修費なども，就業規則の変更が必要なものもありますが，会社の業績に応じ変更しやすいので，コントロールしやすい人件費といえます。

　このように，人件費といっても給料だけでなく，さまざまなものがあります。よって，

- 新たに人を雇う場合，給料と賞与のみの金額と必要売上高を比較して雇うかどうか判断をする
- 従業員自身の会社への貢献度を考える時に，自分の手取り（社会保険料などが控除された実際手元に入る金額）で考える

というのは，大きな間違いです。給料だけでなく，すべての人件費を考えてから判断することが大切です。

3　適正な人件費を知ろう

　会社の業績に直結する「人件費」ですが，どの程度の金額がその会社にとって適正金額なのでしょうか。ここでは，人件費の適正金額を知るスキルとして，3つの方法を紹介します。

（1） 売上高対人件費比率

（2） 労働分配率

（3） 限界利益 vs. 役員報酬・給料・賞与

> どの方法が適正かは，
> 業種・業態から判断する

（1）売上高対人件費比率で人件費を管理してみよう

売上高対人件費比率とは，その名のとおり売上高に占める人件費の比率です。

▶売上高対人件費比率（％）＝（人件費÷売上高）×100

売上高とは，本業の事業活動から得られる収入です。したがって，売上高対人件費比率とは，売上を上げるために，どのくらいの人件費がかかっているのかを見る指標といえます。

たとえば，前月と比較して売上高対人件費比率が高くなっていたら，「売上高に対する人件費の割合が増えている。なぜだろう？」と考えることができます。単純でわかりやすい指標ですが，異なる業種や業態と比較しても意味がありません。

図表8－3のように，原価率が低いサービス業と原価率が高い卸売業を比べると，人件費比率に大きな差が出てしまいます。あくまでも，自社内での店舗間比較や時系列比較，同業種内での比較に活用しましょう。

| 図表8－3 | 売上高対人件費比率の比較 |

> 人件費・売上総利益金額は同じなのに，業種・業態が違うと，売上高対人件費比率は大きく違う！

	C 美容院	K 鮮魚卸売
原価率	10%	90%
年間売上高	5,000万円	4 億5,000万円
人件費金額	2,700万円	2,700万円

	C 美容院	K 鮮魚卸売
売上高対人件費比率	54% (2,700万円÷5,000万円×100)	6 % (2,700万円÷ 4 億5,000万円×100)
売上総利益	4,500万円（5,000万円×90%）	4,500万円（4 億5,000万円×10%）

（2）労働分配率で人件費を管理してみよう

　労働分配率とは，会社が生み出した価値である限界利益（売上高－変動費）に占める，人件費の割合です。会社が生み出した限界利益に対して，人が関わった分はどれくらいかということです。言い換えると，会社が生み出した限界利益に占める人件費として，役員・従業員などの給料等への分配率を表しているともいえます。

▶労働分配率（％）＝人件費÷限界利益×100

| 図表 8 － 4 | 主要業種別の労働分配率の平均 |

全産業平均	47%
製造業	47%
卸売業	44%
小売業	49%
情報通信業	54%
飲食サービス業	69%
サービス業（その他サービス業を除く）	68%

（出所）経済産業省（2023）「2023年経済産業省企業活動基本
調査確報（2022年度実績）」をもとに筆者が再編加工。

　図表 8 － 4 のようにサービス業は人手を要する業務が多く人件費が高くなる傾向があるため，労働分配率も高くなる傾向があります。一方，卸売業は倉庫などの設備を活用して付加価値を生み出しているため，労働分配率が低くなる傾向があります。売上高人件費比率と比較すると業種ごとの数値の差が少なく，業種に関係なく参考にできる指標といえそうです。

　労働分配率の意味を理解することで，以下のように読み取ることができます。

- 労働分配率が高い……社内の生産性が悪化している可能性があります。無駄な作業，効率が悪い作業が発生しているかもしれません。また，競合他社と比較し商品の付加価値が低下している可能性があります。
- 労働分配率が低い……人件費に十分な額が分配されていない可能性があります。従業員の士気が低くなると離職率が高くなり，優秀な人材が会社に

残りにくくなる可能性があります。

　この指標は，業種の平均と比較し，高すぎる場合には絶対に注意が必要な指標です。概ね60％を超えると利益を出すのが難しくなります。

（参考）

　国（経済産業省）が提示している労働分配率の算式は，次のとおりです。

　　労働分配率（％）＝給料総額÷付加価値額×100
　　　　付加価値額＝営業利益＋給料総額＋減価償却費＋福利厚生費＋動産・不動産賃
　　　　借料＋租税公課

　ここでは，簡単に計算できるように，付加価値額を限界利益のみで計算しています。会計感性を身に付けるためには，まずは容易に計算できることを優先します。そして，その数値から正しい会計感覚を身に付けることが大事です。正式な計算式とは異なりますが，大きく外れない数値が計算できるはずです。

　※経済産業省（2023）「2022年経済産業省企業活動基本調査（2021年度実績）の結果（速報）」（2023年12月18日最終アクセス　https://www.meti.go.jp/press/2022/01/20230130002/20230130002.html）より，筆者作成。

（3）限界利益＞人件費×2.5となるように，人件費を管理してみよう

　人件費の正確な金額を計算するために，「翌月に確定する社会保険料の計算を待ってから」，「今月の損益計算書が確定してから」などと考えていると，採用のチャンスを逃したり，設備投資のタイミングを誤ることにつながります。経営判断のスピードを上げるためには，正確な計算のために時間を使うよりも，会計感性を活かし速やかに全体像をつかむことが重要です。これまでに学んだ以下の2点から，簡易的に判断できる方法を紹介します。

- 人件費＝（役員報酬＋給料＋賞与）×約1.5倍
- 労働分配率は60％以下に抑えるのが望ましい

　人件費＝役員報酬＋給料＋賞与をXとし，労働分配率が60％であり，人件費が役員報酬・給料・賞与の約1.5倍の場合，以下のような式が成り立ちます。

106　第2編　会社の発展のための会計

▶労働分配率60％＝人件費（X：役員報酬＋給料＋賞与）×1.5÷限界利益×100
　　限界利益＝1.5X÷0.6＝2.5X

　以上から，役員報酬・給料・賞与の合計の2.5倍より限界利益の額が多けれ
ば，人件費額が適切だと簡易的に判断することができます。逆に人件費の2.5
倍が限界利益より多い場合は，人件費が多すぎる可能性があると判断すること
ができます。

▶限界利益＞（役員報酬・給料・賞与の合計）×2.5倍

　たとえば，役員報酬・給料・賞与（X）が1,000万円の場合を考えてみましょう。
　人件費合計はXの約1.5倍として考えると，1,500万円となります。この人件
費が限界利益の60％以下であることが望ましいので，1,500万円を60％で割り
戻すと1,500万円÷60％＝2,500万円となります。
　限界利益が2,500万円であれば，労働分配率は60％となることがわかります。
限界利益2,500万円は人件費1,000万円の2.5倍となります。よって，人件費の2.5
倍が労働分配率60％となり，限界利益が2,500万円の場合は，人件費が1,000万
円を超えないように管理することが重要だといえます。
　また，労働分配率が50％の場合は，X＝1.5倍÷0.5＝3倍となります。

例題1　損益計算書から人件費を計算してみよう

　菓子小売店のK菓子店・M菓子店の人件費合計はいくらでしょうか。
　まずは人件費がどの勘定科目になるのか，勘定科目名が何の費用かを考えて
みればわかります。法定福利費・福利厚生費は社会人の常識として知っておき
ましょう。

- 法定福利費……法律に基づいて会社が従業員のために負担する必要のある
　保険料などのことです。具体的には，社会保険料や雇用保険料，労災保険
　料などで，これらは従業員も一部を負担しますが，会社も一定の割合を負
　担する必要があります。
- 福利厚生費……社内旅行，健康診断費用などの従業員の働きやすい環境の

第8章 人件費を管理しよう　　107

整備のために会社が支出する費用のことです。

> 福利とは，「幸福と利益。幸福をもたらす利益」（岩波書店（2018）『広辞苑（第
> 7版)』，2546頁）です。人のために使っているものは何でしょうか？　内容を
> 考えながら判断すれば簡単です。

| 図表8-5 | K菓子店・M菓子店　20XX年1月期損益計算書 |

（単位：万円）

科　目	K菓子店
売上高	4,000
売上原価	1,600
売上総利益	2,400
役員報酬	600
給料	240
賞与	60
法定福利費	180
福利厚生費	30
採用費	30
教育研修費	50
旅費交通費	60
包装費	80
水道光熱費	180
交際費	100
家賃	180
減価償却費	200
雑費その他	130
販売費・一般管理費合計	2,120
営業利益	280
〜	
当期純利益	100

（単位：万円）

科　目	M菓子店
売上高	10,000
売上原価	4,000
売上総利益	6,000
役員報酬	1,000
給料	1,200
賞与	400
法定福利費	520
福利厚生費	200
退職金掛金	200
教育研修費	150
旅費交通費	120
包装費	180
水道光熱費	540
交際費	100
家賃	450
減価償却費	500
雑費その他	200
販売費・一般管理費合計	5,760
営業利益	240
〜	
当期純利益	100

108　第２編　会社の発展のための会計

例題1　解　答

　K菓子店は人件費合計1,190万円，M菓子店は3,670万円です。人件費の詳細は**図表8－6**のとおりです。

図表8－6　K菓子店・M菓子店の人件費合計

(単位：万円)

科　目	K菓子店	M菓子店
役員報酬	600	1,000
給料	240	1,200
賞与	60	400
法定福利費	180	520
福利厚生費	30	200
採用費	30	0
退職給付費用	0	200
教育研修費	50	150
人件費合計	1,190	3,670

　会社によって，人件費の種類は異なります。K菓子店は，採用費や教育研修費があり，退職給付費用（従業員が退職する際に支払う退職金に備えて，会社が積み立てる資金のこと）がありませんでした。アルバイトが多い会社なのかもしれません。

　それに対し，M菓子店は，採用費が全くなく，退職給付費用が多くなっています。勤続年数が多い従業員が多いのかもしれません。

　このように，想像力を働かせて損益計算書を観察してみましょう。

例題2　人件費が多いか確認してみよう

① **図表8－6**より，K菓子店，M菓子店それぞれの売上高対人件費比率を計算してみましょう。

② 労働分配率を計算してみましょう（変動費は，売上原価と包装費です）。

③ 限界利益＞役員報酬・給料・賞与×2.5になっているかを確認してみま

第8章 人件費を管理しよう　109

しょう。

例題2　解　答

①　K菓子店売上高対人件費比率：人件費1,190万円÷売上高4,000万円×100
　　＝29.8％

　　　M菓子店売上高対人件費比率：人件費3,670万円÷売上高10,000万円×
　　100＝36.7％

⟹規模が異なるので，数値だけ見ているとわかりませんが，計算して比較
　してみると，M菓子店のほうが人件費の割合が高いことがわかりました。

②　K菓子店の労働分配率：51.3％　　　M菓子店の労働分配率：63.1％
　まず限界利益を計算します。限界利益とは，売上高から変動費を引いたもの
でした。この菓子店の場合，売上原価と包装費の合計が変動費となります。
　• K菓子店の限界利益：売上高4,000万円－変動費（売上原価1,600万円＋包
　　装費80万円）＝2,320万円
　• M菓子店の限界利益：売上高10,000万円－変動費（売上原価4,000万円＋
　　包装費180万円）＝5,820万円
　• K菓子店の労働分配率：人件費1,190万円÷限界利益2,320万円×100＝
　　51.3％
　• M菓子店の労働分配率：人件費3,670万円÷限界利益5,820万円×100＝
　　63.1％

⟹K菓子店は60％以内ですが，M菓子店は60％を超えているので人件費
　を見直す必要があります。図表8－4の小売業の労働分配率平均値（49％）
　を上回っているので，K菓子店，M菓子店ともに改善の余地はあるかも
　しれません。

③　限界利益＞役員報酬・給料・賞与×2.5
　• K菓子店：（役員報酬600万円＋給料240万円＋賞与60万円）×2.5＝2,250万円
　　限界利益2,320万円＞役員報酬＋給料・賞与の合計×2.5倍（2,250万円）

110　第2編　会社の発展のための会計

⟹人件費は適正水準であるといえます。

- M菓子店：（役員報酬1,000万円＋給料1,200万円＋賞与400万円）×2.5＝
6,500万円

限界利益5,820万円＜役員報酬＋給料・賞与の合計×2.5（6,500万円）

⟹限界利益より多くなっていますので，人件費の見直しが必要です。人の
配置や業務内容，工程について確認する必要があります。

　人件費について確認する場合は，毎回この3つの方法で計算する必要はありません。なぜなら業種や業態などでベストな比較方法は異なるからです。どれが自分の求めている情報か，考えてから選択しましょう。

例題3　人件費から必要売上高を計算しよう

　Bファッション社は，衣料品小売業を営んでいます。20XX年5月の損益計算書は**図表8－7**のようになっています。現在のBファッション社の人件費総額は，1か月あたり300万円です。Bファッション社では労働分配率を50％以下とすることを目標としています。

図表8－7　Bファッション社
20XX年5月期損益計算書抜粋

（単位：万円）

売上高		1,000
変動費	売上原価	500
	包装費	100
限界利益率		？

　人件費の金額を変えないで，労働分配率50％を達成するために必要となる売上高はいくらになりますか？

　労働分配率＝人件費÷限界利益×100

第8章　人件費を管理しよう　　111

例題3　解　答

Ｂファッション社の必要売上高：1,500万円

- 限界利益：売上高1,000万円−変動費600万円（売上原価500万円＋包装費100万円）＝400万円
- 限界利益率：限界利益400万円÷売上高1,000万円×100＝40％
  ⟹目標労働分配率50％＝人件費300万円÷限界利益となります。
- 必要限界利益：人件費300万円÷目標労働分配率50％＝600万円
  ⟹限界利益が600万円あれば，労働分配率が50％になることがわかりました。
- 必要売上高：限界利益600万円÷限界利益率40％＝1,500万円
  ⟹売上高が1,500万円あれば，目標である労働分配率50％を達成できます。

今の従業員人数で，現在の売上高の1.5倍である1,500万円の売上高を確保する方法を考える必要があります。

労働分配率の仕組みなどの基本を理解していれば，以下のように一度で計算できるようになります。

▶必要売上高（円）＝人件費÷労働分配率÷限界利益率

コラム 8 ● これからの日本の社会と「人件費」

　この本を執筆中の2024年は，賃上げを行う企業が多い年となりました。企業が賃上げを行った理由としては，物価の高騰や労働力不足による人材確保の必要性があったと考えられます。通常，賃上げは企業にとって人件費負担の上昇につながります。

　日本は，1991年からのバブル景気の崩壊後，「失われた30年」といわれ，経済成長は鈍化し，世界的に見ても経済成長ができていない国とされてきました。また，日本はIT化に乗り遅れ，新しい産業を生み出すためのイノベーション（技術革新）も登場しなかったといわれています。

　このような状況下において，日本の勤労者の給料収入の伸びは厳しく，企業も人件費の抑制の取り組みを行ってきました。その結果，日本社会は非正規雇用が急増して，賃金が伸びない環境が加速しました。

　日本の人口は今後，急速に減少していきます。また人口減少とともに高齢化も急速に進みます。公的機関・民間の仕事を問わず，各仕事の現場で急速に労働力不足が起こってきます。各企業では生産性の向上が課題となり，これを実現できる優秀な労働力が必要になります。以上のことから日本の企業は今後，労働力確保のために持続的な賃上げを行わないと，優秀な労働力を確保できない状況が生じることが予想されます。もちろんAI（Artificial Intelligence）の台頭により，人がやらない仕事も増えますが，人が担う仕事が残ったり，新たに人が担う仕事が登場したりすることが予想されます。

　企業からすれば2024年以降，人件費負担が上昇して原価率が高まる可能性がありますが，これを吸収できるだけの売上高を実現する必要があります。このためには，魅力ある製品・商品・サービスを顧客に提供し，時には高い価格でも買ってもらえるような価値の高い製品・商品・サービスを提供する必要があります。

　顧客にとって何が価値として高いのか，これを発見したり創造できたりする力がこれからの企業には強く求められます。そのためには企業には顧客との対話力，価値提供力（価値提案力）が必要になります。まさに，企業にとって「コスト　＜　価格　＜　価値」が必要な場面です。

第9章

KPI と KGI を知ろう

―この章で学ぶこと―
1. KPI と KGI とは何かを知ろう。
2. KPI を設定する方法を知ろう。

　本章では，決算書（貸借対照表・損益計算書）の数値をさらに細分化し，会社の行動を数値化したデータをもとに観察と想像を行っていくためのスキルを学びます。

　これまで決算書を中心に数値を観察し，想像力を働かせるための視点を見てきました。本章では，決算書の数値を活用し，行動につながりやすい数値に発展させる方法として KPI（Key Performance Indicator）と KGI（Key Goal Indicator）の考え方を学びます。KPI と KGI の言葉は聞きなれないかもしれませんが，身近なところで見たり聞いたりしたことがあるはずです。

1 　KPI と KGI とは

　KPI とは，「重要業績評価指標」のことです。KPI は会社の<u>最終的な目標</u>（目標売上高・目標営業利益・目標利益率など）を達成するために，部門や社員一人ひとりに対して<u>設定されるプロセスに対しての数値指標</u>です。

114　第2編　会社の発展のための会計

[KPIの設定例]
●今日の目標販売数ラーメン100杯！　●リピート率50％目標！　●今月の
新商品開発目標は10個！　●新規取引先目標は，各営業マン1人あたり10社
●女性管理職の割合を50％にしよう！　●初診患者は1日10人を目標！
●移住者1万人を目指そう！……等

　一方，KGIとは「重要目標達成指標」のことです。KPIが会社内の各部門
や社員に対する目標を指標化しているのに対して，KGIは会社全体が達成し
たい長期的な目標を指標化したものといえます。決算書の数値以外もKGIに
なりえますが，本書では決算書の数値をKGIと設定した例を取り上げて説明
していきます。

[KGIの設定例]
●売上高　　●原価　　●売上総利益　　●人件費　　●固定費　　●営業利益
　　　　　　　　　　　　　　　　　　　　　　　　　　　　　　　　……等

2　KPI・KGIの設定方法

（1）まずKGIを設定する

　目標を設定する場合は，まずは会社全体が達成したい長期的な目標である
KGIを決めます。それを決めたうえで，KPIを設定していきます。KPIと
KGIの関係性は**図表9−1**のとおりとなります。KGIが長期目標であり，KPI
はそれをよりプロセスに落とし込んで具体化した目標だからです。
　KGIだけでなく，なぜKPIも必要なのでしょうか。
　たとえばラーメン屋さんの場合，KGIの長期的な指標（例：「目標月売上高が
200万円」，「固定費100万円削減」）よりも，「土曜日のお昼の営業にラーメン50杯，
ギョーザ20皿」のようなKPIを利用した具体的な目標を立てるほうが，行動
を起こしやすくなり，結果としてKGIを達成しやすくなるからです。

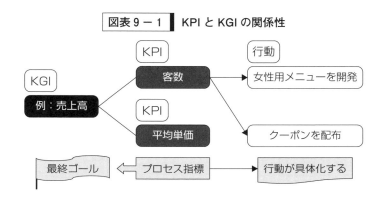

それでは，次に具体的に KPI を設定する方法について解説します。

（2）KPI 選定方法①――「KGI を分解」

KPI になる要素を見つける場合は，KGI を足し算やかけ算の式になるように分解して，KPI として活用できる項目を洗い出していきます。たとえば，KGI を売上高として設定している場合を考えていきましょう。一番シンプルでわかりやすい売上高の分解の例は，「売上高＝客数（販売数量）×単価」の計算式です。その他にも，事業の特性により，さまざまな計算式が考えられます。以下が一例です。

[K ラーメン店の例]
- 売上高＝客数×平均単価
- 売上高＝席数×１席あたり売上高
- 売上高＝男性客の売上高＋女性客の売上高
- 売上高＝ラーメンの売上高＋チャーハンの売上高＋ギョーザの売上高＋……
- 売上高＝新規顧客の売上高＋既存顧客の売上高

116　第2編　会社の発展のための会計

[他業種の場合の例]
- コンビニエンスストア……売上高＝地域内の需要額×市場シェア
- 美容院……売上高＝従業員1人あたりの売上高×従業員数
- 小売店……売上高＝1m²あたりの売上高×店舗面積（m²）
- 飲食店……売上高＝1時間あたりの売上高×営業時間
- 車の販売……売上高＝営業提案数×成約率×販売単価

　分解できた項目がKPIの要素となります。その中で目標となりそうな項目をKPIとして設定します。

（3）KPI選定方法②——「重要な要素の抽出」

　「重要な要素の抽出」は，「KGIを分解」して見つけたKPIの要素から，行動を起こしやすい重要な要素をKPIとして設定することです。

　たとえば，先ほどのラーメン屋さんの例で，売上高をKGIに設定し，それを新規顧客売上高＋既存顧客売上高と分解し，新規顧客売上高を増やすことをKPIに設定する場合を考えます。「新規顧客の売上高100万円」とKPIを設定するよりも，より具体的な行動に結びつく「チラシ配布枚数1,000枚」や「初回客限定クーポンの利用者人数100人」をKPIに設定したほうが，従業員が理解しやすく，目標達成が容易になります。「チラシ配布枚数1,000枚」や「初回客限定クーポンの利用者人数100人」は，「重要な要素の抽出」に該当します。これらは，直接売上高の増加にはつながりませんが，チラシの広告効果等は最終的には売上高増加に影響します。

　「重要な要素の抽出」により設定したKPIは，KGIに直接影響する指標ではありませんが，最終的にはKGIに影響する指標となります。

（4）「相関」を活用し，KPIを厳選する

　KPIの設定をする際には，KPIの数が多ければ良いとは限りません。すべてのKPIを常に確認するのではなく，その中から特に重要なKPIに絞ることが大切です。なぜなら，たくさんの指標があっては何を優先すべきか判断ができなくなるからです。

重要なKPIを選ぶ方法として，統計の「相関」の視点を取り入れてKPIを絞る方法を紹介します。これは，エクセルなどの表計算ソフトで，簡単に計算することができます。

「相関」とは，2種類のデータの関係性を表している言葉です。

- 2種類のデータに関係性がある場合⟹「その2種類のデータには相関がある」
- 2種類のデータに関係性がない場合⟹「その2種類のデータには相関がない」

相関関係とは片方のデータの値が大きくなった時，もう片方のデータの値が変化する関係のことです。ここで注意が必要なのは，相関関係と因果関係を混同しないことです。相関関係は2種類のデータが同時に変動する関係ですが，それが必ずしも一方が他方に影響を与えていることを意味するわけではありません。それに対し，因果関係は一方のデータが一方的にもう1つのデータに影響を与える，原因と結果の関係です（図表9－2参照）。

図表9－2の場合，保険診療売上高が増えると同時に売上高合計が増えるため，保険診療売上高と売上高合計には相関関係があるといえます。一方，営業日を増やすと売上高合計が増える場合は，因果関係があるといえます。

相関関係において，一方のデータが大きくなればなるほど，もう一方のデータの値も大きくなる関係を正の相関といい，一方のデータが大きくなればなるほど，もう一方のデータの値が小さくなる関係を負の相関といいます。

相関関係は数値で表すことができ，相関係数で示されます。相関係数が，1

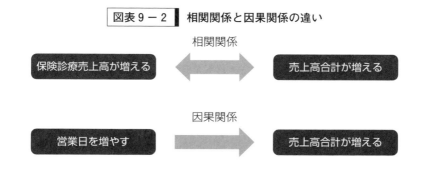

図表9－2　相関関係と因果関係の違い

118　第２編　会社の発展のための会計

に近いほど正の相関が強く，－１に近いほど負の相関が強いといえます。０に近いほど相関がないことになります。

――[事例：M歯科医院の相関関係の確認方法]――――――――――――――――

　M歯科医院では年間売上高１億円を目指しており，売上高をKGIに設定しています。KPIを設定するために，保険診療売上高と自費診療売上高のどちらが売上高合計の増減に影響を与えているのか，相関を確認します。

　具体的には，保険診療売上高と自費診療売上高に相関があるかどうか確認をします。M歯科医院の３年分の売上高を比較し，保険診療売上高と自費診療売上高と売上高合計の相関関係を確認します。また，同じように患者数についても相関関係を確認します。

　相関関係は表計算ソフトの関数で簡単に計算ができます。会計ソフトで作成した月次損益計算書を，表計算ソフトの形式で出力できるものが多くあるので，比較的簡単に計算ができます。相関関係を確認する際は，季節やイベントによって変動がある業種もありますので，データの信頼性を高めるためにも少なくとも２年以上のデータを用意しましょう。散布図で異常値を確認すると，さらに信頼性が高まります。

　図表９－３は，M歯科医院の３年分のカテゴリー別売上高を表計算ソフト

図表９－３　M歯科医院のカテゴリー別売上高（３年分）

		C	D	E	F	G		AP
2		20X1年 1月	20X1年 2月	20X1年 3月	20X1年 4月	20X1年 5月	……	20X3年 12月
3	売上高合計（万円）	760	870	800	730	710		800
4	保険診療売上高（万円）	670	610	710	570	570		670
5	自費診療売上高（万円）	90	260	90	160	140		130
6	保険診療患者数（人）	838	763	888	713	713		838
7	自費診療患者数（人）	30	31	20	35	35		40

列番号

行番号

※歯科医院の保険診療売上高とは，患者の自己負担が３割程度の保険適用の治療，一方，自費診療売上高は，全額自己負担の最新治療（インプラント・矯正等）を指します。

で計算した際の表示です。

相関係数はExcelのCORREL関数を使うと，簡単に求められます。
- 保険診療売上高と売上高合計の相関係数が**0.68**（求め方＝CORREL（C4：AP4, C3：AP3））
  ⟹ 1に近いので，正の相関がある
- 自費診療売上高と売上高合計の相関係数が**0.79**（求め方＝CORREL（C5：AP5, C3：AP3））
  ⟹ 1に近いので，正の相関がある
- 保険診療売上高と自費診療売上高の相関係数は**0.1**（求め方＝CORREL（C4：AP4, C5：AP5））
  ⟹ 0に近いので，相関があまりない

ここからわかることを，**図表9－4**で確認してみましょう
① 保険診療売上高と自費診療売上高と売上高合計の相関関係は，＋1に近いので，売上高合計と正の相関があります。保険診療売上高が上がると，売上高合計が増加する傾向にあり，自費診療売上高も同じ傾向にあるということです。
② 保険診療売上高と自費診療売上高の売上高合計との相関関係を比較すると，自費診療売上高と売上高合計の相関値が高くなっています（0.68＜

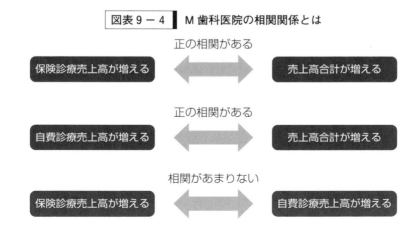

図表9－4　M歯科医院の相関関係とは

120 第2編 会社の発展のための会計

0.79）。自費診療売上高の増減が，売上高合計の増減に大きな影響を与えている（正の相関が強い）ことがわかります。

③ 保険診療売上高と自費診療売上高の相関は0.1となっており，お互いの売上高の増減が影響を受けている要因は少なそうです（相関が弱い）。

この結果を観察し，内容を想像してみます。

M歯科医院では，保険診療売上高が8割程度を占めるため，来院するほとんどの患者が保険診療による治療を受けていることがわかります。単価が保険制度により決定されているため，保険診療売上高は毎月安定しています。

それに対して，自費診療売上高は一部の患者が選択するもので，1件あたりの単価が高いものが多いです。そのため，月による売上高の増減が大きくなります。その結果，全体の売上高の増減に影響を及ぼしやすい（相関が強い）ことが考えられるのではないでしょうか。

以上の相関は，M歯科医院の経営方針を検討する1つの材料となりえます。経営方針により選ぶKPIが変わってきます。

- 売上高を安定させたい場合⟹保険診療に特化する⟹保険診療顧客を増やす

    保険診療は，虫歯や抜歯など絶対に治療の必要がある症状を治療するため，患者数が安定します。また，患者は公的保険により治療費負担が少ないため，定期的に通院するので売上高も安定します。

- 売上高を最大化させたい場合⟹自費診療売上高を増やす⟹最新機械を導入する，自費診療の顧客を増やす等がある

    自費診療は治療費を患者が全額負担するため，治療費を自由に設定できます。そのため売上高を大幅に増やすことができます。

<ポイント>
- 自費診療売上高の増減が売上高合計の増減への影響が大きいという結果は出ていますが，このことは第6章で学んだ売上高合計への貢献度とは一致していないことにも注意が必要です。
- 「重要な要素として抽出」したKPIは，売上高の分解ではないので，KGIと相

第9章　KPIとKGIを知ろう　121

関関係がない場合もあります。相関関係がなければ，KGIを達成するための指標としてはふさわしくありません。今後，定期的に行うKPIの観察の際に確認する必要があります。

KGIとの相関関係が強い要素を，KPIとして選択していくことに加えて，相関関係を参考にどのような経営方針をとるのかを考えることで，KPIとして何を選択するかが決まってきます。

（5）KPI設定の具体例

それでは，具体的にM歯科医院のKGIやKPIの設定例を確認してみましょう。

─［M歯科医院のKPI設定の手順］─────────────────

　M歯科医院では年間売上高1億円を目指しており，売上高をKGIに設定しています。そしてこの1億円を達成するためにKPIを設定しています。売上高を確保し，安定した経営をすることが経営方針の1つです。

M歯科医院は，「KGIを分解」の手順で①，②，③を，「重要な要素を抽出」の手順で④のKPIを設定しました。
① 売上高を保険が適用される保険診療と保険が適用されない自費診療に分解する。⟹売上高の安定化を目指すため，保険診療売上高の増加を目標とすることに決める。
② 保険診療売上高を患者数×平均単価に分解する。⟹保険診療の患者数の増加を目標とすることに決める。
③ 患者数を新規患者数＋再来患者数に分解する。⟹保険診療の新規患者数を目標とすることに決める。
④ 保険診療の新規患者数を増やすための行動として，ホームページのリニューアルと既存顧客からの紹介を薦める方策をとることにした。⟹ホームページの閲覧数と紹介数を重要な要素として抽出し，KPIとして設定した。
⑤ ①から④で選定したKPIの中から，それぞれの相関関係を確認し，保

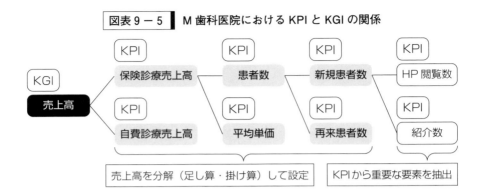

図表9－5　M歯科医院におけるKPIとKGIの関係

険診療売上高，新規患者数，ホームページ閲覧数の3つをKPIとして設定した。

M歯科医院のKGIからKPIを設定していく流れとKPIの関係は，**図表9－5**のとおりです。

売上高の増加という大きな目標（KGI）の達成に向けて，どの部分の売上高を増やしていくかが，KPIを設定する手順で明確になってきます。最終的に，ホームページ閲覧数と紹介数というKPIを設定したことで，ホームページ閲覧数を増やすためにどう変更するか？　紹介数を増やすためには何ができるのか？　といった具体的な行動を考えやすい状態になってきました。

このように，決算書から設定したKGIを分解し，重要な要素に細分化していくことで，最終的にKGIを達成するためのイメージを具体化しやすくなります。この作業は会計数値を観察し，そこから感じ取ることで，現状を想像する能力である会計感性が生きる場面なのです。

第 9 章　KPI と KGI を知ろう　123

3　KPI の活用方法

（1）KPI を時系列で観察する

　次に，肝心な KPI の活用方法について見ていきます。KPI を時系列で表示し観察することで，さまざまな気づきが得られることを見ていきます。先ほどの M 歯科医院の例で確認してみましょう。

図表 9 − 6　M 歯科医院の KGI・KPI 推移表

種別	項目	20X4 年 1 月	20X4 年 2 月	20X4 年 3 月	20X4 年 4 月	20X4 年 5 月	20X4 年 6 月
KGI	売上高合計（万円）	800	810	920	840	860	870
KPI	保険診療売上高 (万円)	670	725	710	650	720	730
KPI	保険診療新規患者数（人）	25	28	32	27	35	36
KPI	ホームページ閲覧数（人）	1,349	2,590	2,634	2,345	2,790	3,120

　KPI は KGI として設定した売上高を分解し，「保険診療売上高」，「保険診療新規患者数」とし，新規患者数の増加を目指すための重要な項目の抽出として，「ホームページの閲覧数」を設定しました。KGI および KPI を**図表 9 − 6** の推移表で確認してみましょう。表計算ソフトで毎月数値を入力するだけです。

　この表をじっくり観察し，要因を想像してみましょう。

　増えた？　減った？　一番多い月は？　一番少ない月は？　傾向は？　KGI，KPI の関係は？　その要因は？──じっくり見るだけで，誰でも観察はできます。

　たとえば，下記のように，いろいろなことが想像できるのではないでしょうか。自分の頭で考えて想像することが大事です。

- 売上高合計は 3 月，保険診療売上高，保険診療新規患者数とホームページ閲覧数は 6 月が最も多い。
- 売上高合計，保険診療売上高は増加傾向にある。4 月に新規雇用した従業員の分，対応人数が増えたから？

- ホームページ閲覧数は順調に増えている。保険診療新規患者数も同時に増加しているので，効果が出てきたのかもしれない。
- ホームページの更新担当者を決めた2月から更新頻度が上がっており，その効果が表れてきたのかもしれない。
- 3月はとても忙しかったが，その分が数値に表れている。

（2）KPIを設定することのメリット

目標達成のための指標であるKPIですが，これを毎月確認することで次のような効果が期待できます。

- **新しい行動を促すきっかけとなる**……M歯科医院のケースでは，KPIを確認することによって「初診患者が増えている原因について分析しよう」，「ホームページに，駐車場の場所がわかりやすい写真を追加しよう」など，具体的な行動を促すことにつながります。
- **目標やパフォーマンスが可視化できる**……経営者と従業員が共有できる直感的でわかりやすい指標のため，会社に関わるすべての人が会社の現在の状態や目標の進捗を理解しやすくなります。
- **問題が早期発見できる**……KPIは毎月確認することが好ましいといえます。それは，同時に定期的に会社を観察することにつながります。課題や問題を発見した際は，深刻化する前に対処することができます。

KPIは，毎月観察することが重要ですが，常に現在のKPIが現在の指標目標として正確なのかを定期的に確認しましょう。相関関係を意識して，常に調整，アップデートしていくことが重要です。

（3）KPIを設定する際の注意点

- **時間の違いを考慮しよう**

　売上高というKGIと提案数というKPIの相関を見る場合に，提案を行ってから売上高が計上されるまでの間に数か月かかるような場合には注意が必要です。会計の決まりでは，売上高は顧客への商品・サービスの提供が終わった時に計上されます。このため，同一月の提案数と売上高のデータ

間での相関を確認することは適切ではありません。

• **売上高をかけ算の式で分解した場合は，0のデータに気を付けよう**

　売上高をかけ算が成り立つように分解して，KPIの要素を見つける場合，0のデータには注意が必要です。

　たとえば，「売上高＝面談数×成約率×販売単価」と売上高を分解し，売上高と成約率の相関を確認する場合，成約率が0のケースでは，面談数がどんなに多くても売上高は上がりません。このため，成約率が0の場合には，売上高と面談数の相関関係はないと分析されてしまいます。このようなケースで相関を見る場合には，0の要素を含むデータは除きます。

• **売上高を足し算の式で分解した場合は，別の要因の可能性を考慮しよう**

　「売上高＝A商品＋B商品」が成り立っており，A商品とB商品に相関関係が見られる場合には，別の要因の可能性も考慮しましょう。

　たとえば，Tシャツ専門店で，自販機を設置し飲料品も販売しているというようなケースを考えてみます。Tシャツの売上高と自販機の売上高に，正の相関関係があったとします。Tシャツも冷たいドリンクも気温が高い月に売れていた場合は，お互いの相関関係により売上高が上がったのではなく，気温が影響していたことが考えられます。

　顧客数や季節，市場の動向など相関関係ではなく，別の要因によりA商品，B商品どちらの売上高も大きく影響されている場合があります。

コラム 9 ● KPIとKGIは，会社と社員の未来の理想像を描き，メンバー間の対話を弾ませる？

　会社は何を目指しているのか，会社が目指していることに到達するために，社員一人ひとりにはどのような活躍をしてほしいのかといったことを数値化しているのがKPIとKGIです。

　会社で働く社員は生身の人間ですので感情を持ち，一方で合理的に物事を判断しようとする姿勢を持っています。社員と組織（会社）の関係性を良好に保ち，それぞれの目標を達成するためには，一般的には社内コミュニケーションの充実が必要と考えられています。

　組織側の当事者は経営者や管理者であり，彼らと社員の間でのコミュニケーションの充実，つまり「対話」の充実が必要と考えられています。組織と社員の対話は，目的のある対話であることが必要になります。ここでの目的を考える場合，組織の目標と社員の役割との整合性が重要になります。

　社員一人ひとりの活躍が組織の目標達成に直結しますので，期待される活躍度（社員の数値目標）がKPIになり，その総和がKGI（会社全体の目標）といういい方もできます。

　社員がKPIを達成すれば，組織はその社員に対して高い評価をして，報酬を上げてくれることが予想されます。これが実現されれば従業員満足度（Employee Satisfaction：ES）も高まってくるでしょう。重要なことはKPIとKGIに対して会社と社員との間で理解が深まっていることです。

　そのために組織と社員との対話が重要になり，またここでの対話が弾むことが期待されます。対話は組織と社員の信頼関係を高める目的を有し，信頼の創造は高い業績（組織と社員の成果）を生み出すための必要不可欠な条件といえるでしょう。

　KPIとKGIをうまく使いこなすことができれば，会社と社員の興味深い未来の創造に必ずつながっていくことになります。

第10章

会計感性×対話スキルの活用

――この章で学ぶこと――
1．対話スキル（コーチング）を知ろう。
2．対話スキル（コーチング）の重要性を理解しよう。

　2022（令和4）年，中小企業庁により，厳しい状況に置かれている中小企業や小規模事業者の成長を支援するため，「伴走支援の在り方検討会」が設置されました。ここでは，税理士などの経営支援の専門家が企業に寄り添って支援を行う「伴走型支援モデル」を提唱しています。その伴走型支援のフレームワークとして，「対話」の重要性が挙げられています。

　詳細は，中小企業庁・独立行政法人中小企業基盤整備機構経営力再構築伴走支援推進協議会より「経営力再構築　伴走支援ガイドライン」（令和5年6月）が発行されていますので，ご確認ください。

　本章では，対話スキル（コーチング）を扱います。会計感性に対話スキルが加わることで，より的確に会計数値を観察できます。また，そこから感じ取り，現状を想像する能力やその正確性も倍増します。

1　対話スキルは誰でも身に付く

　もし，あなたが「コンサルタント」として，A社の顧客Bさんとともに経営改善の仕事をしているとしましょう。コンサルタントは，第9章までの知識と会計感性で，人件費を抑えるべき，○○を増やして利益を上げるなどのアド

バイスを提供することができるようになっているはずです。

しかし，本当にそれが正しいのでしょうか？　会社のことを一番知っているのはBさんで，コンサルタントはそれほど知らないはずです。会計書類を見てコンサルタントが人件費削減を提言しても，スタッフのユニークなサービスが評判のA社には，そのアドバイスは的外れかもしれません。そこで重要なのは，「対話」です。

「対話」が得意な人は，友人が多い人，コミュニケーションが得意な人と思うかもしれません。コミュニケーションの得意・不得意は生まれながらの能力だと思っていませんか。そうではありません。対話スキルは義務教育では教わりませんが，学べば誰でも使えるコミュニケーションの技術です。ここからは，「コーチング」という対話スキルを学んでいきましょう。

2　コーチングとは

コーチングと聞くと，スポーツのコーチが選手に技術を教えることをイメージする方が多いかもしれません。実は，コーチングは誰もが使えるコミュニケーションスキルの1つです。よく混同されがちなのがティーチングです。考え方の違いを確認しましょう（図表10-1）。

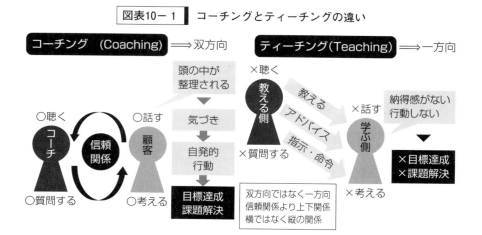

図表10-1　コーチングとティーチングの違い

第10章　会計感性×対話スキルの活用　　129

- コーチングとは，目標達成のために，対話によって顧客を勇気づけ，"気づき"を引き出し，"自発的行動"を促す「対話スキル」です。コーチと顧客の関係性は，双方向で横の関係性となります。
- ティーチングとは，知識や情報などを教えることです。一般的な学校の先生と生徒のようなスタイルで，教える側と学ぶ側の関係は一方向で上下関係が多いです。

　ここでよりイメージがしやすいように，税理士法人ウィズランのコンサルタントが顧客先の経営者とコーチングを使って対話した時の例を挙げてみます。

ウィズランのコンサルタント「社長，前回のイベントの売上高が良かったですね！　昨年より売上高が20％上がり，費用は下がっています。**どのような理由**だと思いますか？」

経営者「？？？……。そういえば，広告方法をウェブに変えたし，スタッフが直接試飲を促していて……」

　相手に質問をすることで，相手はどのように答えようか考えます。これは会話の自然な流れです。しかし，「費用は下がっています」で会話が終わっていたら，経営者はその原因を考えないかもしれません。「どのような理由だと思いますか？」と聞かれたので，答えようとする時に思考し，脳内が整理されて気づきが生まれるのです。

　そして，自分自身で気づいたからこそ，次は○○の広告をしてみよう，○○を取り入れてみようなどといった次の行動につながるのです。これが対話によるコーチングの効果です。皆さんも普段無意識に行っていることがあるのではないでしょうか。

　一方，対話がなくコンサルタントに一方的に情報やサービスを提供された場合，どう感じるでしょうか（**図表10－2**参照）。対話がない場合，顧客側の経営者は納得感がありません。その結果，行動に結びつきません。

　しかし，対話がある場合，自分自身で解決方法に気がつくので，一緒にサービスを作り上げることになります。顧客側の経営者は納得感があるので，自ら次の行動を起こします。その結果，変化につながるのです。

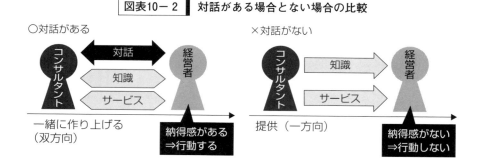

図表10－2 対話がある場合とない場合の比較

3 コーチングの基礎

それでは，対話スキルであるコーチングはどのように行われるのでしょうか。具体的なプロセスとコーチングをうまく機能させるための前提条件を見ていきましょう。

(1) コーチングのプロセス

コーチングをする人のことをコーチといいます。コーチが教える，アドバイスする，指示・命令するという一方向の会話ではなく，コーチングは，相手に問いかけることから始まります。

ここでは，コーチであるコンサルタントと顧客である経営者のコーチングの例を見ていきます（**図表10－3**）。

「(コーチ) 質問する⇒(顧客) 考える⇒(顧客) 話す⇒(コーチ) 聴く⇒(コーチ) 質問する……（繰り返す）」というプロセスにより，対話を深めます。

一方向の会話だと，相手は納得感がなく，その結果行動に結びつきません。一方，コーチングの手法で質問されると，相手は考え，同時に頭の中が整理されます。そして気づきが生まれます。納得感のある結果が導かれ，自発的行動につながります。その行動が，目標達成や課題解決につながります。

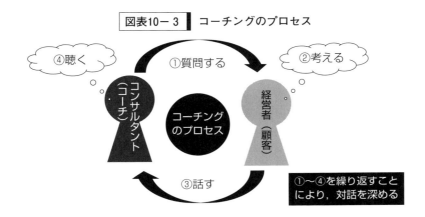

（2）コーチングの前提

コーチングによる効果的な対話を成り立たせるために必要な３つの要素があります。それは、①お互いの信頼関係、②コーチングマインド、③自己基盤の３つです。これらとコーチングのスキル（技術的なこと。本章の４節で解説しています）の関係は、**図表10－4**のようにピラミッドの形になります。

図表10－4 コーチングピラミッド

- スキル（技術）
- クライアントとの信頼関係
- コーチング・マインド
- 自己基盤

（出所）銀座コーチングスクール　コーチングピラミッドより（https://www.ginza-coach.com/overview/feature/curriculum.html）（2024年8月6日最終アクセス）。

132 第2編 会社の発展のための会計

③自己基盤がベースにあり，その上に②コーチングマインド，①の信頼関係とコーチングスキルの順に積み上がっていきます。この３つの要素すべてがこのようなイメージで積み上げられていないと，コーチングはうまく働きません。いい換えると，コーチングのスキルだけを身に付けても，コーチングは機能しないのです。

① コーチと顧客（クライアント）の信頼関係

対話の当事者の信頼関係がなければコーチングは機能しません。信頼関係がない人に相手は心を開かないからです。初対面の場合は，信頼関係を築く姿勢で臨みましょう。

② コーチングマインド

コーチングマインドとは，あくまでも，相手の言葉に耳を傾け，認め，受け止めることに徹する姿勢のことです。対話中は，相手の無限の可能性を信じます。相手の意見を否定したり，発言を遮ったりしません。すべてを受け入れる必要はありませんが，すべてを受け止めることが重要です。相手と自分の違いを認め，相手を主役にして対話します。

③ 自己基盤

コーチングを行うには，コーチ自身の自己基盤が安定している必要があります。**図表10－4**にあるように，これが一番の土台です。ここがしっかりしていないと，コーチング自体が機能しません。

たとえば，環境（住んでいる場所，部屋の整理整頓），お金の安定（借金，ローン，お金の使い方），健康（体重管理，睡眠，栄養管理）など，コーチ自体が安定している状態のことを指します。

第10章　会計感性×対話スキルの活用　133

4　コーチングのスキル

　コーチングについての前提を理解し，コーチングを行う準備が整ったら，具体的にコーチングのスキルを学んでいきましょう。

①　「認める」スキル

　認めるとは，安心して話してもらうことです。スキルといわれると特別なことをしているように思われがちですが，以下の例を確認してみましょう。誰もが普段行っていることは，実は相手を認めることにつながっているのです。

- 行動に対する承認例……ほめる・評価する・ねぎらう・謝罪する・フィードバックをする　等
- 存在に対する承認例……挨拶・名前を呼ぶ・変化に気づく・目を合わせる・声がけをする　等

②　「聴く」スキル

　聞くではなく，聴くことです。簡単なようですが，以下を意識してみると普段と違うことに気づくでしょう。

- アイコンタクト……適切に目を合わせる。
- あいづち……生返事にならないようにする。
- ペーシング……相手の話すペースを意識する。
- リフレイン……相手の言葉を繰り返す。
- 促しの接続詞（それで？　それから？　他には？　具体的には？）……会話に"合いの手"を入れる。
- 沈黙する……話を遮らずに最後まで聴く。

③　「質問する」スキル

　コーチングでは質問に答えることにより，相手は思考し気づきを得ることができます。質問にもスキルがあります。問題ではなく解決に焦点を当てたり，未来志向の質問をします。**図表10－5**のAさん（コーチ）とBさんの対話を

図表10－5　問題に焦点を当てた場合と解決に焦点を当てた場合の違い

✕ 問題に焦点を当てる	◯ 解決に焦点を当てる
※過去は変えられない	※未来は変えられる！
Ａ「なぜ商談は失敗したのか？」	Ａ「どうすれば商談は成功するか？」
Ｂ「プレッシャーに弱いから」	Ｂ「緊張しないようにすればいい」
Ａ「なぜプレッシャーに弱い？」	Ａ「どうしたら緊張しないかな？」
Ｂ「生まれつきかな……」	Ｂ「事前にロールプレイングを入れよう」

確認してみましょう。対話する際に何に焦点を当てて質問をするかで，結果が変わってきます。

商談が失敗した場合，その問題解決に焦点を当てるのではなく，どうすれば成功するかという未来志向の質問に変えただけで，質問の回答が変わりました。Ｂさんが自分でロールプレイングをするという結論を出したので，Ｂさんは自分から次の行動を起こすことにつながりやすくなります。

コーチ（ここではＡさん）は，相手が答えやすい雰囲気を作ってあげることが大事です。詰問をすると，謝罪や言い訳が出てくるだけです。

＜質問の種類＞

質問の種類にはクローズドクエスチョンとオープンクエスチョンがあります。無意識に会話で使っていると思いますが，意識して使ってみると思わぬ効果を生みます。

- クローズドクエスチョン……YES/NOで答えられる質問のことです。事実や意思の確認に使います（例：この仕事は終わった？　これは消耗品費かな？　〇〇社の担当でいいかな？）。
- オープンクエスチョン……相手が自由に答えられる質問のことです。相手

第10章　会計感性×対話スキルの活用　135

の考えを引き出す時などに使います（例：他には何がありますか？　どのようにしますか？　この商品のどこが気に入っていますか？）。

＜５Ｗ１Ｈの質問＞

オープンクエスチョンでは，５Ｗ１Ｈ（When：いつ，Where：どこで，Who：誰が，What：何を，Why：なぜ，How：どのように）の質問を効果的に使います。すると答えが具体化していきやすくなります。また，相手が答えやすくなる効果もあります。さまざまな角度で質問をされることで，相手の頭の整理を促します。不明瞭な大きなかたまりをほぐしていくイメージで質問します。

それでは，具体的な会話例でイメージしてみましょう。前提条件を整え，スキルを使うだけで結果が変わることを感じてみてください。

- コーチ（Y）：会計コンサルタント　　　顧客（B）：A美容室　経営者
- Yさんは，月に一度，顧客のBさんと決算書を見ながら対話を行っています。

Y：こんにちは。先日話していた映画観に行かれましたか？　◀■■■■■■■■ スキル：信頼関係の構築（アイスブレイク）

B：はい。行きましたよ。〇〇の映画とても面白くて……。（3分程度アイスブレイク）

Y：KPI表では半年程度女性のリピート率が下がっていますが，何かありましたか？　◀■■■■■■■■ スキル：質問，考えさせる

B：気が付かなかった。何が原因かな……？　近所に美容室がオープンした影響かもしれない。

Y：そうなんですね。他に原因ありますか？　◀ スキル：質問，考えさせる

B：実は最近，お客様を長い時間お待たせしてしまったり，予約をお断りすることが多くて。

Y：そうですか。お客様をお待たせしたり，予約が取れないこともあるんですね。　◀■■■■■■■■ スキル：繰り返し，承認する

B：そうなんだよ。スタッフを1人増やそうかな？

136　第2編　会社の発展のための会計

Y：御社の場合スタッフを雇用すると，社会保険料入れて1人あたり約500万円の人件費がかかります。

　　限界利益率は75％なので計算すると1年に670万円くらい売上を増やしたいから，だいたい1週間に14万円で，平日に2万円，土・日3万円は売上高を増やすイメージでしょうか。　◀ スキル：会計知識の活用

B：平日2万円，土・日3万円か。そういえば，スタッフHさんは写真が上手いので，SNSを活用したいと思っていたんだ。その活用を始めて上手くいけば，1人採用しても売上の目途が立つかもしれない。

Y：いいアイデアですね！　具体的にSNSをどのように活用できそうですか？　◀■■■■■■■■■■■■■■■■■■■■■ スキル：具体化する

B：新しいヘアスタイルの提案をSNSで発信してみようかな。そこにクーポンも添付できるようなので，ヘッドスパのクーポンを配ってみようかな？

Y：いいですね！　どのくらいの人にクーポンを使ってもらえそうですか？　◀■■■■■■■■■■■■■■■■■■ スキル：行動を促す

B：平日2人，土・日3人は使ってもらえそうだな。それに新しいスタッフが入れば，空いている席を活用できるので，平日2万円，土・日3万円は達成できそうだ。

Y：まずはお客様にSNSに登録してもらわないといけませんね。いつからしますか？　◀■■■■■■■■■■■■■■■■ スキル：行動を促す

B：今日スタッフHさんに相談して，来週から始めてみよう。

Y：いいですね！　来月はぜひ結果を教えてください。　◀ スキル：行動を後押し

　コンサルタント（Y）は，会計の専門知識に加えて対話をすることで，Bさんからさまざまなアイデアが生まれました。その結果，Bさんは自ら行動を決定し，ビジネスのスピードが速まりました。

5 広がるビジネスでのコーチングの活用

　コーチングは，コンサルタントと顧客の対話だけでなく，チームメンバーや同僚，上司，部下などのパフォーマンスを最大化するためにも利用されます。

　通常のコーチングは，自分（コーチ）と相手（クライアント）に役割が分かれます。コーチはクライアントの自主的な気づきに基づいた行動を促し，成果の最大化を目指します。しかし，会社などの組織内では，状況に応じてお互いがコーチとクライアントの役割を交代しながら，組織全体の成果を最大化することを目標とします。

　ここで触れたのは，コーチングの基礎に過ぎず，他にもスキルがあります。数をこなすことで，会計感性と同じように，コミュニケーションが苦手な人にも必ず習得できるスキルです。コーチングスキルが身に付けば，組織の改善と革新に大いに役に立つメンバーの1人になれる可能性が高まります。まずはKPI設定に活用してみましょう。効果的なKPIが設定できるはずです。「会計感性×コーチングスキル」を持つことで，これからの社会に貢献できる人材となることでしょう。

138　第2編　会社の発展のための会計

コラム 10 ● 「対話」はすべてのビジネスに必須のスキル

　以前，私は同僚のAさんと一緒に，Bバイヤーに自社の新商品を提案する機会がありました。最初の雑談でBバイヤーが先日行った展示会の話になりました。私は業界紙でその展示会について調べていたので，他人の批評を引用して話を合わせようと思っていましたが，同僚のAさんが「面白い商品ありました？　教えてください！」とだけいいました。それは私にはいえない一言でした。Bバイヤーは，面白い新商品の話や，自社でどう活用するかなど，自らたくさん話をしてくれました。その時のイキイキとした表情が今でも忘れられません。結果的に，新しいイベントでこちらが提案した商品が採用され，イベントは大成功，新しい試みはとても盛り上がりました。

　私はこの時，対話スキル（コーチング）について全く知りませんでした。Aさんはコミュニケーションが得意だから，営業が上手なんだと考えていました。しかし，その後，コーチングを知って腑に落ちました。Aさんは「対話」をしていたと気が付きました。

　確かに，その対話からたくさんのアイデアがBバイヤー自身から湧き出ていました。このイベントのアイデアは，Bバイヤーがすでに持っていた知識を組み合わせたものでした。そして，Aさんは話を引き出しただけでした。AさんがBバイヤーの思考を整理してできたアイデアは，すぐに実行されました。

　私は，仕事をするということは，自分が何でも知っていて自分の専門知識を教える（ティーチング）必要があると考えていました。それでも仕事は成り立ちますし，お客さんもそれを求めて専門家に話を聞いてきます。その考えを対話に切り替えることは，最初とても怖いことです。しかし，コーチングというスキルを知ることで，得意不得意ではなく誰もが使えるスキルで対話が成り立つことを知りました。これはコミュニケーションが苦手な人でも当てはまります。

　一方通行から双方向になることでアイデアが2倍にも3倍にも膨らみ，納得した解決策を見つけることで行動まで促進されるのです。ぜひ，この体験をしてみてください。コーチングについては，専門書を読むだけでなく，講座を受講して体感することをおすすめします。

《参考文献》

尾崎正雄（2020）『人をポジティブにするはじめての医療コーチング』（デジタルダイヤモンド社）。

倉田三郎［監修］藤永弘［編著］長井敏行・宮地晃輔・安高真一郎・松本大吾［著］（2013）『新版 入門経営分析（第2版）』（同文舘出版）。

宮地晃輔（2022）「新型コロナウイルス感染症の拡大下における事業再構築に関する事例研究」『九州経済学会年報』第60集（九州経済学会）。

宮地晃輔（2022）「税理士事務所の中小企業への事業再構築支援に関する事例研究─茨城県K社の事例を用いて─」『會計2022年9月号』第202巻第3号（森山書店）。

宮地晃輔（2024）「中小企業向け経営支援におけるコーチングと管理会計との親和性─税理士法人ウィズラン（長崎県佐世保市・平戸市）の取組事例を対象として─」『會計2024年2月号』第205巻第2号（森山書店）。

索　引

【英数】

5 W 1 H ……………………………… 135
EDINET（Electronic Disclosure for
　Investors' NETwork）…………… 27
KGI（Key Goal Indicator）………… 113
KPI（Key Performance Indicator）
　……………………… 113, 121, 124

【あ行】

売上原価 ……………………… 88, 90
売上原価率 ……………………… 22
売上総利益 …………………… 27, 52
売上高総利率 …………………… 22
売上高対人件費比率 ……………… 103
営業利益 ………………………… 52
オープンクエスチョン …………… 134

【か行】

会計感性 ………………… 2, 15, 72
会社法 …………………………… 2
株主資本等変動計算書 …………… 2
キャッシュ・フロー計算書 ……… 2
繰越利益剰余金 ………………… 5, 6, 35
クローズドクエスチョン ………… 134
経営成績表 ……………………… 3
計算書類 ………………………… 2
決算書 …………………………… 2
決算書の目的 …………………… 3
限界利益 …………… 51, 52, 75, 78
限界利益率 …………………… 52, 58
コーチング ………………… 128, 130
個人事業 ………………………… 85
コスト＜価格＜価値 …………… 112
固定資産 ………………………… 30

固定費 ……………………… 48, 49, 78
固定負債 ………………………… 30
個別注記表 ……………………… 2
固変分解 …………………… 48, 50

【さ行】

在庫 ………………………… 86, 99
在庫管理 ………………………… 86
在庫管理システム ……………… 92
在庫金額 ………………………… 96
財産一覧表 ……………………… 3
財務諸表 ………………………… 2
債務超過 …………… 7, 8, 9, 11, 18
仕入高 …………………………… 88
自己資本 ………………………… 33
自己資本比率 …………………… 34
資産超過 ………………………… 11
実地棚卸 ………………………… 92
社会保険料 ……………………… 66
収益 …………………………… 4
重要業績評価指標 ……………… 113
重要目標達成指標 ……………… 114
純資産 …………………………… 27
人件費 ………………………… 101
総原価 …………………………… 48
総資産 …………………………… 27
総資産利益率 ………………… 37, 38
総資本 …………………… 27, 33
損益計算書 ………… 2, 3, 5, 10, 18
損益分岐点売上高 …… 46, 48, 54, 55

【た行】

貸借対照表 ………… 2, 3, 5, 10, 20
対話スキル ……………… 128, 138
短期借入金（流動負債）………… 36

142　索　引

長期借入金（固定負債）……………36
賃上げ………………………………112
当期純損失……………………………19
当期純利益…………………… 19, 27
当座資産………………………………30
当座比率（％）………………………31

【は行】

必要売上高…………………… 61, 62
費用……………………………………4
変動費………………………… 48, 49
法人……………………………………85

【ま行】

未成工事受入金………………………21
未成工事支出金………………………21
目標営業利益…………………………70

【ら行】

利害関係者……………………………3
流動資産………………………………29
流動比率（％）………………………31
流動負債………………………………30
労働分配率…………………………104

≪編著者紹介≫

宮 地 晃 輔（みやぢ こうすけ）

長崎県立大学経営学部経営学科教授，税理士（九州北部税理士会所属：登録番号143189）。同大学大学院地域創生研究科修士課程ビジネス・マネジメントコースおよび博士後期課程地域社会マネジメント分野において，税理士志望者への研究指導を行う。九州芸術工科大学大学院（現九州大学大学院）芸術工学研究科博士後期課程生活環境専攻（環境システム分野）修了，博士（芸術工学）。主な著書に『日本企業の環境会計－信頼性の確立に向けて－』（創成社，2003年），主な論文に「中小企業者向け経営支援におけるコーチングと管理会計との親和性－税理士法人ウィズラン（長崎県佐世保市・平戸市）の取組事例を対象として－」『會計』第205巻第2号（森山書店，2024年），「脱炭素化に向けた海事産業の動向とポセイドン原則の会計問題」『社会関連会計研究』第35号（日本社会関連会計学会，2023年），「税理士事務所の中小企業への事業再構築支援に関する事例研究－茨城県K社の事例を用いて－」『會計』第202巻第3号（森山書店，2022年）などがある。

≪著者紹介≫

木 竹 広 賢（きたけ ひろたか）

税理士法人ウィズランの代表税理士，修士（感性学・九州大学），役者，映画監督，自転車競技コーチ。デザイン・アートとビジネスの親和性に着目し，インプロ（即興演劇）やコーチングを用いて中小企業支援に取り組むとともに，自社経営も行っている。2022年，九州大学大学院にて修士論文「即興演劇の創作過程の形式知化」を発表している。2023年，当論文をもとにデザインした演劇による企業ブランディング手法「8 hours」により，グッドデザイン賞を受賞する。2024年，ブラックボックスとなっている中小企業の税務調査をテーマに地域の中小企業で働く人々の葛藤を描いた2作目の監督映画作品「箱庭」を公開した。全国の劇場で活躍する役者に加え，ウィズラングループ内の役者も出演し，新たな表現の場を創出している。2024年から2025年にかけて，全国公開ツアーを実施している。

木竹　優子（きたけ　ゆうこ）

税理士法人ウィズラン所属コンサルタント。神奈川大学経営学部を卒業後，食品会社での営業職やWEBサイト制作業務を経験し，2007年に税理士法人ウィズラン（旧 木竹会計事務所）に入社する。社員数の増加に伴い，社内の業務効率化とITインフラの構築に尽力する。特に，業務プロセスの自動化やデータ管理システムの導入を推進する。近年は国や自治体等の補助金の計画立案支援やコンサルティング業務に注力しており，多くの中小企業の経営支援を行っている。ITスキルを活かした効率化やコスト削減策の提案に強みを有している。

【税理士法人ウィズラン】

　税理士法人ウィズランは，2015年（平成27年）に木竹会計事務所（長崎県佐世保市）と松永いづみ事務所（長崎県平戸市）によって設立された。税理士法人の経営理念として「未来を想像し実現する」，サービスコンセプトには「お客様と共に興味深い未来を実現する」を掲げている。

　税理士法人ウィズランは，経済産業省が認定する経営革新等支援機関として多数の実績を持ち，2023年には中小企業庁より有限会社蜂の家（長崎県佐世保市）に対する経営支援が評価され「中小企業・小規模事業者支援優良取組事例集」に選定されている。

　税理士法人ウィズランを含むウィズラングループは，税理士・行政書士・社会保険労務士・測量士の各士業サービスを提供するほか，経営コンサルタント業務，コーチングスクールの運営，各種デザイン（サービス・プロダクト・ビジュアル），劇団・劇場の運営，映画・映像制作，ヒラメの陸上養殖に取り組んでいる。長崎県北地域唯一の小劇場「させぼガレージ劇場」を運営し，表現の力を活用した中小企業での新価値創造，劇場運営を通じた地域のアーティスト支援にも力を入れている。2024年現在，長崎県佐世保市，平戸市，福岡県福岡市に事業拠点を有し，50名規模で活動している。

伴走者になるための会計入門

2025年2月5日　第1版第1刷発行

編著者	宮　地　晃　輔
著　者	木　竹　広　賢
	木　竹　優　子
発行者	山　本　　　継
発行所	㈱中　央　経　済　社
発売元	㈱中央経済グループ パ ブ リ ッ シ ン グ

〒101-0051　東京都千代田区神田神保町1-35
電話　03 (3293) 3371 (編集代表)
　　　03 (3293) 3381 (営業代表)
https://www.chuokeizai.co.jp
印刷／昭和情報プロセス㈱
製本／㈲井 上 製 本 所

©2025
Printed in Japan

＊頁の「欠落」や「順序違い」などがありましたらお取り替えいた
しますので発売元までご送付ください。（送料小社負担）

ISBN978-4-502-52341-0　C3034

JCOPY〈出版者著作権管理機構委託出版物〉本書を無断で複写複製（コピー）す
ることは，著作権法上の例外を除き，禁じられています。本書をコピーされる場合
は事前に出版者著作権管理機構（JCOPY）の許諾を受けてください。
JCOPY〈https://www.jcopy.or.jp　e メール：info@jcopy.or.jp〉

―■おすすめします■――――――――

学生・ビジネスパーソンに好評

■最新の会計諸法規を収録■

新版 会計法規集

中央経済社編

会計学の学習・受験や経理実務に役立つことを目的に，

最新の会計諸法規と企業会計基準委員会等が公表した

会計基準を完全収録した法規集です。

《主要内容》

会計諸基準編＝企業会計原則／外貨建取引等会計基準／連結キャッシュ・フロー計算
書等の作成基準／研究開発費等会計基準／税効果会計基準／減損会計
基準／IFRSへの当面の方針／自己株式会計基準／１株当たり当期純
利益会計基準／役員賞与会計基準／純資産会計基準／株主資本等変動
計算書会計基準／事業分離等会計基準／ストック・オプション会計基
準／棚卸資産会計基準／金融商品会計基準／関連当事者会計基準／四
半期会計基準／リース会計基準／持分法会計基準／セグメント開示会
計基準／資産除去債務会計基準／賃貸等不動産会計基準／企業結合会
計基準／連結財務諸表会計基準／研究開発費等会計基準の一部改正／
会計方針の開示，変更・誤謬の訂正会計基準／包括利益会計基準／退
職給付会計基準／法人税等会計基準／税効果会計基準の一部改正／収
益認識会計基準／時価算定会計基準／会計上の見積り開示会計基準／
原価計算基準／監査基準他

会 社 法 編＝会社法・施行令・施行規則／会社計算規則

金 商 法 規 編＝金融商品取引法・施行令／企業内容等開示府令／財務諸表等規則・ガ
イドライン／連結財務諸表規則・ガイドライン他

関 連 法 規 編＝税理士法／討議資料・財務会計の概念フレームワーク他

■中央経済社■